All Voices from the Island

島嶼湧現的聲音

被搶劫的人生

蘇炳坤從冤枉到無罪的三十年長路

陳昭如 著

目次

推薦序

「認」真看待「錯」誤

羅秉成，冤案救援律師、現任行政院政務委員

人不免犯錯，是偶然還是必然？偶爾為之是偶然，人必不完美是必然？我們又如何看待自己或他人所鑄成的大錯？是趨之避之，千錯萬錯都是別人的錯，棄之如敝屣？抑或是勇敢面對，將之拆解，珍寶此「錯」如「昔」日的黃「金」？

本書作者娓娓道出蘇炳坤先生的冤罪人生，透過這宗荒謬的「司法錯誤」案件，多面複線，剖析梳理，宛如明鏡，反射深淵／冤，照見司法醜態，也反映了人們如何看待冤案的百態。

收到本書文稿的時候，國家運輸安全調查委員會（下稱運安會）針對二〇一八年臺鐵普悠瑪列車事故，所提出的總結調查報告剛好也出爐了。運安會是行政院所屬三

級獨立機關，依法要對重大運輸事故進行公正調查，而這項獨立的調查職權，有一條很特殊的法律誡命：「運安會對重大運輸事故之調查，旨在避免運輸事故之再發生，不以處分或追究責任為目的。」（《運輸事故調查法》第五條第一項）

每部法律都各有立法目的，大凡會以具體、正面的方式積極指出目的何在，但這條法律規定並不尋常，為什麼另要慎重地特別強調：運安會的調查「不以處分或追究責任為目的」？重大交通運輸事故，往往傷亡慘重，除非純屬天災，如果是人禍所造成，追查誰是禍首？誰該負責？才算最重要的調查目的不是嗎？不以處分、究責為目的，又何必費事調查？

這條法律規定的謎底，應該可以從《軌道：福知山線出軌事故，改變JR西日本的奮鬥》這本新書找到答案。

日本記者松本創長期記述報導二〇〇五年JR福知山線發生駕駛員超速過彎，造成列車出軌死傷慘重的災難事故（與普悠瑪事故如出一轍），近身描繪長達十三年來，以淺野彌三一為首的遺族們（4·25網路）如何走出傷痛，如何擺脫以究責、賠償為優先的社會迷思，又如何堅持徹底追溯事故本身的根本錯因，以及如何從歸咎駕駛員個人的疏忽責任，轉變聚焦在發現系統性的錯誤，進而從根本改善JR整體組織文化。

對事故被害者遺族而言，沒有什麼比發現完整真相更重要的事，也沒有什麼比能以事故為鑑，不再重蹈覆轍，還要能告慰亡者的事。

交通運輸系統設計有層層的安全防護，一起重大事故的發生不會只是少數幾個人的疏忽而已，通常也是長期累積的頑固組織文化，致生系統性瑕疵的結果。對錯誤進行深層結構性及制度性的反省，並不是自然而然地發生，《軌道》一書正是一件認真看待錯誤的故事。

相對於交通運輸系統，刑事司法系統也有一套防錯機制，諸如審檢分隸、律師辯護、合議審判與上訴救濟等等的訴訟制度，在在是為了避免發生司法錯誤的結果，所刻意設計的防錯機制，藉此節制司法濫權，以彰顯不能冤枉無辜的最高價值。

然而，即便制度在設計上可謂處處防備、層層把關，但仍然且必然會發生誤判的確定案件。為了糾錯進而平反，《刑事訴訟法》也設有「再審」、「非常上訴」等除錯機制，對已判決確定的錯案，鋪築最後一道非常救濟的防線，而且就算無辜的被告已含冤而亡，也要還人清白（例如江國慶案），這幾近是以「零容忍」的態度設計避免發生冤案的制度。

應然如此，但實然不然。

一件冤案的發生正如同一場運輸事故，實際運作的系統一旦偏離安全／正確的核心價值軌道，在系統瑕疵影響下，往往產生了行動者非意圖的嚴重後果。雖然每一次錯誤付出代價的同時，通常也會獲取修復系統瑕疵的機會，不過機會通常一瞬即逝，如果短視急切，只圖將責任歸於特定個人，或可移轉一時的社會壓力，但這也意味著機會之門隨之關閉，而人們將失去一次重新檢視系統問題的可能。

臺灣在過去一、二十年間，判決確定的死刑冤案陸陸續續被發現並平反，從江國慶、蘇建和、莊林勳、劉秉郎，再到徐自強、鄭性澤、謝志宏，多起死刑確定案件改判無罪確定，雖然臺灣司法漸漸有能力且勇於面對單一個案的冤屈，但個案一經平反了，補償了，然後呢？有哪個冤案被認真看待？既沒有獨立機關的調查報告，自然也沒有如何從錯誤中修復系統問題的機會。

或許值得我們自問的是面對冤罪，「誰」該認真看待？又該「如何」認真看待？

冤案的平反能不能成功，要靠「三氣」是否齊集。首先當事人要有一股堅持到底的「志氣」，蘇先生為自身的清白，頑強的程度近乎執拗，「志氣」冲天，毫無疑問，他自己是非常認真地看待自己的冤案；其次是「義氣」，蘇先生無端「路人變犯人」，三十多年來在冤海浮浮沉沉，除了家人親友無怨無悔的支持、陪伴外，他也遇到許多非親非故，情義相挺的「路人變貴人」，這是他的「志氣」感染、聚集而來的「義氣」；最後的成敗繫於「運氣」，蘇先生直到二〇一七年終於等到了他的「運氣」，不過「霉氣」會不請自來，但平反冤案的「運氣」，則多少是受個人的「志氣」與社會的「義氣」所觸發、催動，才有機會降臨。

儘管系統性錯誤必然存在，但要讓司法承認錯誤，絕非易事，當蘇先生經歷了多次再審、非常上訴被一次又一次的駁回，司法系統內集體的防禦感愈來愈強，一次又一次提高平反的難度，最終讓蘇先生付出三十二年的青春代價。

蘇先生逢人總不斷講述他的冤屈，聞者應該可感覺到他總是帶著強烈的情感，敘述那段侮辱與痛苦的難堪歲月，他不斷地反覆、不斷地重返，如果那只像錄音倒帶般的單調，講講聽聽也就好了，但令人難過不安的是，他每一次都認真地帶著感情對不同的人講，一次又一次、一次又一次……。

明明是三十年前的陳年往事，但他每次談起竟彷彿是昨日才發生的事，那樣憤慨，那樣悲愴，如此加諸在他一生的精神痛苦，已非殘忍一詞足以形容，就算司法已經還他清白了，也沒法解消這種含冤的痛。錯誤的司法審判終究搶走了他的人生。遺憾的是，他個人承受如此巨大的精神凌虐與折磨，似乎是這整個司法系統，以及身處其中的執法者所無法體受的。司法平反了也補償了，但他失去的只能孤獨地承受，誰也還不起，也還不了。

站在如此暗無天日的深淵／冤邊沿，凡試圖俯看的正常人，應該無一不會頓感暈眩、嘔吐的吧!?

《軌道》一書有句話說：「鐵道的安全史，就是鐵道的事故史。」套用在司法系統上或許也可以這樣說：「司法的正義史，就是司法的冤罪史。」

蘇先生的平反之路跌跌撞撞，漫漫長夜，無終無止。開啟再審的合議庭審判長周盈文法官，他在無罪宣判講的那席話，彷彿是隧道盡頭的微光乍現，可以說是臺灣司法史上的重要歷史時刻之一。不同於多數案件行禮如儀的宣判，周審判長當庭細數造成蘇炳坤冤案的原因：不當取供的警察、草率起訴的檢察官，以及未落實無罪推定的法院，他毫不避諱，直接指明這是冤案。

要司法「認錯」不易，「認冤」尤難。

法官在宣判庭上史無前例公開承認「冤案」存在，並以一種近乎道歉的柔性態度，訴說對蘇先生的不捨。然而，如果我們認同在刑事司法最重要的價值就是不能冤枉人，那麼周審判長這席話自是理所當然，何足稱奇。但現實上，周審判長反省這個冤案是司法系統性錯誤所造成，形同司法認罪的「自白」，如此出格又如此罕見，使得此再審案合議庭法官認真看待錯誤的態度，竟顯得無比可貴。反觀司法系統對此近乎集體的沉默，卻也顯得無比諷刺。

這難道只是司法沉痾的積重難返嗎？本書作者有句提醒的話：「沉默永遠是真相的頭號大敵」，但面對冤案，沉默的恐怕不是只有司法系統而已。《軌道》一書也直指「事故是社會的結果」，冤案何嘗不是。如果人們對冤案會嚴重威脅正義欠缺共同的認識，只當成是他人瓦上霜，或只是抱著同情的眼光旁觀，或頂多替無辜者慶幸還好有平反、有補償，那麼整體的社會正義將持續受到個案不正義的威脅，而我們終將自取其苦。

或許不會再有第二個蘇炳坤案，但一定會再有下一件冤案，認真看待錯誤，改變我們看待冤案的態度，這是蘇先生用他的冤罪人生帶給我們最重要的啟示之一。

錯誤是人類文明的演化動力，但只有認真地認錯才有可能。

一、房間裡的大象

蘇炳坤很少笑。就算笑，也只是嘴角微微往上揚，隨即回復緊抿著嘴，一臉嚴肅的模樣。

第一次（透過電視螢幕）見到他，是二〇一八年八月八日臺灣高等法院做出無罪判決那日。他在親友律師團的簇擁及周遭熱烈的歡呼聲中，緩緩從法庭走出來。一路上有人向他恭喜，他馬上鞠躬道謝，有人想跟他握手擁抱，他亦一一回禮。但我注意到，他的臉上沒有笑容，一點都沒有。

「你現在有什麼感覺？」記者把麥克風遞向他。

「什麼感覺？」他眨了好幾次眼睛，像是努力克制情緒，發出顫抖的聲音：「說真的，我高興不起來。我是個清清白白的人，煎熬了三十二年，講良心話，已經太晚了。想起這件事，我還是會掉眼淚，我的心非常痛，真是把我的人生都毀掉了。」

分明該是歡欣鼓舞的時刻，為什麼他沒有應有的興奮，反而是黯然？這個畫面成為我最初的疑問，也成為撰寫此書的叩門磚。

原本我以為，只要把案件始末原原本本的寫出來，就是個很好的故事了。沒有想到，待真正開始動筆了，才發現這是件很難讓人相信、進而引起共鳴的案子。

說起來，這是個不合邏輯、充滿漏洞的故事，若是寫成劇本搬上銀幕，肯定會噓聲四起，罵聲不斷吧。那時蘇炳坤事業頗為成功，何苦冒那麼大的風險去搶銀樓？他與「共犯」郭中雄早已翻臉多年，互不往來，怎麼可能合作搶劫？郭中雄坦承是被警察刑求才亂咬蘇炳坤，為何檢察官與法官都置之不理？銀樓老闆分明否認搜到的金飾是他的，警方是基於什麼理由仍執意聲稱是贓物？更令人不解的是，一起疑點重重、破綻百出的案子，為何連續聲請四次再審與四次非常上訴，都沒有辦法翻案？

這起案件赤裸地揭露了昔日司法系統的沉痾，包括任意指控、嚴刑逼供、調查粗疏、自由心證寬鬆、有罪推定的偏見；面對有疑慮的案件，法院多半沒有勇氣推翻前審的判決，只能像皮球般把案子往下個階段踢。這樣的辦案過程，光是想到就讓人膽顫心驚。

時至今日，只要打開記憶的閘門，蘇炳坤總是緊鎖眉頭，不曾流露洗刷冤情的喜悅。是啊，花了這麼多年的時間，證明一件自己沒做過的事，就算司法還他清白了，又有什麼值得高興的？

蘇炳坤的不甘與不滿，固然是刑求與冤屈所帶來的恥辱，但我總以為體制的噤聲不語，才是讓他困在循環的哀傷與憤怒裡的主因。

蘇炳坤說過：「全新竹都知道我是無辜的，只有法官不知道。」起初我不太明白是什麼意思，直到對案情有了更多認識，才知道原來早有法界人士聽聞此案，或許是為了避免尷尬，或許是為了免除責任與痛苦，多半選擇噤不作聲。

這就像房間裡明明有隻大象，龐大到讓人無法否認、忽視它就在那兒，但就是沒人談論，假裝它並不存在。

只要願意睜開眼睛，人人皆可看到房間裡的大象，就算沒有人注意到，也絕對是故意迴避，若不是故意不看，就絕對看得到。忽視大象，就是忽略顯而易見的事實。

蘇案正是如此。有很長一段時間，大家避免（或拒絕）提及蘇案，而且不只是迴避討論，沒有人願意承認自己迴避。蘇炳坤無罪的事實鐵錚錚地擺在眼前，大家都知道是怎麼回事，卻沒人想多費唇舌，反正說了也未必被當成一回事，還可能被視為麻煩製造者。

沒有人想面對體制可能如此泯滅人性，行使暴力，入人於罪。這實在是太沉重了。真相的頭號敵人，往往就是沉默。蘇炳坤無罪的證據鐵證如山，不容辯駁，知情者卻置若罔聞，假裝沒這回事。就像沉默的藍牆（Blue Wall of Silence）[1]，團體內部不會匯報彼此之間的過失、罪行或不當行為，若是同僚的罪行被調查了，其他成員會聲稱沒有看到或毫無所悉。這是自保的手段、更是對團體效忠的象徵。這是一種系統性的沉默。

沉默足以造成各式各樣的扭曲，記憶的扭曲，道德的扭曲，人性的扭曲。我可以想像長年處於這樣的氛圍，蘇炳坤猶如身陷沉默的迷宮，遍尋不著出口，只得自尋出路，即使他要走的那條路上，沒有任何人。

冤案未必是運氣不好，而是來自失控的系統與沉默的體制，在看似理性客觀的推敲之下，反映出蒐證過程的重重疏失。即使狀況不明，情勢險峻，蘇炳坤從來不曾棄守投降，在一片荒蕪中努力尋找證明自己清白的機會。經過三十多年的奮戰，他終於推倒了裝聾作啞的司法壁壘，證明了自己的無辜，只是那個時代，那個體制，已經毀了他大半個人生。

他被指控為搶劫犯，事實上是他的人生被司法體制搶劫一空。

痛苦有很多種，而最深的痛苦是說不出來的。我終於明白了為什麼蘇炳坤總是很少笑，而且就算是笑，也只是禮貌性的微笑，笑容裡含著難以掩蓋的滄桑。

1 「沉默的藍牆」源自於紐約警察部門的不成文規定，亦即警員間不會匯報失誤或罪行。對他們來說，這種做法是對警隊內部的忠誠。萬一同僚做了什麼被調查，警員的拍檔會聲稱毫不知情。因為美國警察制服通常是藍色，所以這個現象稱為「沉默的藍牆」。

二、被侵踏的人生

我無罪

一九八六年六月十九日，清晨不到五點，剛下過雨，空氣中透著清新與涼意。

新竹市帝王家具公司老闆蘇炳坤仍在深沉的睡意之中，突然被一陣急切的敲門聲給吵醒。這麼早，工人都還沒上工，到底是誰呢？他顧不得還沒換下睡衣，匆匆從二樓臥室走至一樓門口應門。門外站著四、五名身著便服、沒有出示證件卻自稱是警察的人，跨進門檻便拉長了臉，要他跟他們去警察局走一趟。

「請問是發生什麼事？」

「少囉唆，跟我們走就對了。」對方面無表情地說。

「你們要不要進來坐一下，喝杯茶再說？」他弄不清楚是怎麼回事，仍舊客氣問道。

「×！麥擱假了！你自己做了什麼，自己清楚！」對方完全不理睬這些禮數，狠狠斥道。

「你們在說什麼？我怎麼都聽不懂？」率直的蘇炳坤有點惱火了。對他來說，這是一種莫名奇妙、沒有憑據的指控。

「還不承認？×你娘……」幾個大男人不斷口吐三字經，不由分說便架著他往外走。

趕到樓下的妻子陳色嬌拉住蘇炳坤，驚聲問到：「你們要把我先生帶去哪裡？」員警憤憤地說：「閃啦！不然就告你妨礙公務！」

蘇炳坤雖然驚魂未定，仍勉力安慰妻子：「沒關係啦，我跟他們走一趟，很快就回來。」

他被硬壓著坐上停在巷口的警車。周遭一片寧靜，東大路上一排黑板樹因為連日下雨，特別顯得蓊蓊鬱鬱。

這應該是一場惡夢吧，等夢醒了，就沒事了，蘇炳坤心想。

※　※　※

警車裡空氣凝滯，沒有人說話。從車窗望著窗外，天色漸漸亮了起來。

蘇炳坤兩邊都坐著人，緊緊地挨著他。他眼睛沒有被矇住，卻看不清楚窗外景物。他想知道為什麼被警察帶走，只要開口問，回應的盡是各種難聽的字眼，嚇得他不敢再發聲，儘管他心裡著急，不知道會被帶到哪裡去。

車子終於開到了青草湖派出所。初夏清晨的陽光彷彿失去了溫度，穿越路上的冷風吹了過來，他忍不住打了個哆嗦。

走進派出所，蘇炳坤見到角落站著上了手銬的男子，待定睛一看，才發現是以前僱用的工人，綽號「怪手」的郭中雄。四年多以前，他們為了一萬多塊錢的工資鬧得不太愉快，從此分道揚鑣，沒了連絡。他怎麼會在這裡？

蘇炳坤還來不及問，員警便示意要他往樓上走。進入二樓偵訊室，幾名刑警露出窮凶惡極的模樣輪番問他，你認不認識剛才在一樓碰到的郭中雄？

他老實說，認識，他是我以前的工人。

他們問他，東西在哪裡？蘇炳坤說，什麼東西？我不知道。

他們又問，你作案開的藍色小貨車停在哪裡？蘇炳坤說，我不會開車，平常工作運貨都是請姓溫的工人幫忙，哪來的藍色小貨車？

他們再問，你認不認識阿水？他說，不認識，沒聽過這個人。

他們接著問，那把五百塊的鐵剪，你丟到哪裡了？他一頭霧水地說，什麼鐵剪？我不知道。

他們把同樣的問題翻來覆去問了幾遍，真把蘇炳坤給搞糊塗了。他不停地解釋不明白他們在問什麼，對方就是不信，還用各種侮辱人的字眼罵他，用字愈來愈難聽，有如各種髒話一次出清。他們來來回回地恐嚇他，粗暴的詢問弄得他很緊張，很慌亂。

「你們要我承認什麼，我真的不知道，你們是不是弄錯了？」蘇炳坤說。

「弄錯？麥擱騙肖啊啦！」刑警張瑞雄突然賞了他一耳光，他掛在鼻梁上的近視眼鏡被打落在地，腦子嗡嗡作響。

蘇炳坤以為只要說實話，就可以證明自己什麼都沒做，警察就沒有理由纏著他問了。可是他錯了，警方就是不肯放過他，一直逼他認罪。他努力維持腦袋清醒，告訴自己，不要驚慌，整個人又怕又累，情緒幾近潰堤。

「我沒有做，是要承認什麼？」他說來說去就是這句話。

警方手上證據太少，蘇炳坤又什麼都不承認，一切還是迷霧一團。到底該怎麼做，才能讓案情有所突破？

他們決定對蘇炳坤展開身體的進攻。

他們要蘇炳坤脫下衣服，只留一條內褲，將他架在兩張辦公桌中間，用力捏住他的雙腿，將鐵管穿過彎曲的膝蓋下方，再將雙手勾住鐵管，用柔道繩把他雙腳雙手捆起來，整個人被吊掛在鐵管上。

一陣疼痛擴散開來，蘇炳坤忍不住大叫出聲。這不是電視、電影裡面才會出現的情節，怎麼會發生在他身上？怎麼會？

「你給我恬起！」幾名員警一邊厲聲喝斥，一邊用毛巾摀住他的口鼻，拿著茶壺拚命往他鼻子灌水，他痛苦到幾乎要窒息。張瑞雄不斷踢他的腰，掐他的脖子，打他的胸，威脅要在他臉上灌汽油、撒胡椒粉，然後把他帶到手搖警報器旁，用手拉著他耳朵朝向警報器，恐嚇要讓他變成「臭耳聾」。蘇炳坤痛苦地哭喊：「我是冤枉的！我是冤枉的！」刑警朱崇賢拉住張瑞雄說，麥啦麥啦，張瑞雄才鬆手。刑事組長王文忠見他不肯認罪，憤憤地說：「個性這麼強，竟然還沒招？繼續灌水！」

這群只有黑臉、沒有白臉的員警裝腔作勢地一陣亂罵說，你一定知道什麼，如果老實承認，講清楚做了什麼，就讓你好過一點！蘇炳坤的腦海閃過一個念頭，如果鬆口認罪，或許就不會再被揍了。可是他是那種非黑即白、是非分明的人，要他承認沒做的事，他做不到。他咬咬牙，決定不能屈服。他不能讓這群惡人得逞！

經過一番折騰，或許是一時心軟，朱崇賢問他，你要不要吃東西？我拿麵包跟豆漿給你。暈眩的漣漪從大腦沸騰起來，就算飽受折騰，蘇炳坤仍保持著某種清醒，執拗地回了句，不用。這時分局長刁建生也來了，得知蘇炳坤死不認罪，惡狠狠地說：「你再不承認，小心我拿槍斃了你！」[1]

雖然沒戴眼鏡，蘇炳坤已經看清這群警察的真面目。一群掛牌的流氓！

長時間的盤問拷打，蘇炳坤的身體受著沒止盡的折磨，嘴裡喃喃地答著話，心裡卻漸漸空了似的。他自始至終展現了驚人的意志力，一再矢口否認，甚至要求與郭中雄直接對質，但沒有人理會他。

就在他覺得自己快堅持不下去時，偵訊結束了。

警方為什麼要花這麼大力氣，把偵查放在蘇炳坤身上？他們是否考慮過犯人並不是他？或許他們從未認真考慮過這個問題，即使這樣的疑問在腦海浮現，也不願認真思考。他們不知道是確信蘇是犯人，或是希望他是。

不知過了多久，蘇炳坤被帶到樓下製作筆錄。負責筆錄的員警許軍去問他，要不要請律師？蘇炳坤回說，不用，他以為自己清清白白，反正最後他們好好查清楚，一定會發現真相。許軍去把「藍色小貨車」、「五百元的鐵剪」、「東西在哪裡」這些問題又問了一遍，他有氣沒力地又說了一遍，答案當然都是「不知道」、「沒有」。

問：你於何時拿新臺幣壹千元叫郭中雄去買大型鐵剪、手電筒、挫刀等警方查獲郭中雄時起出的行竊工具？

答：我沒有拿錢給他（郭中雄）去購買行竊工具。

問：綽號「阿水」的男子真實姓名？住居所？

答：我不認識綽號叫「阿水」的男子。

問：你於七十五年三月二十三日三時許和「怪手」郭中雄及「阿水」到新竹市南門街金瑞珍銀樓行竊的金飾到哪裡去了？

答：我沒有和「怪手」及「阿水」他們去行竊。

1 當時刁建生是新竹轄區第一分局長、日後曾任中央警察大學的校長。二〇一八年蘇案平反後，有記者問他是否對蘇說過這句話，刁建生的回答是「我沒說過」。見https://www.thenewslens.com/article/101525。

問：你開的藍色小貨車是何人的？

答：藍色小貨車是何人的，我不知道。我家沒有汽車，只有機車而已。

問：你如何叫「怪手」郭中雄去破壞南門街金瑞珍銀樓樓上陽臺之鐵窗？

答：我不知道。

問：你要否請律師？

答：我不要請律師。

做完筆錄，蘇炳坤從青草湖派出所被帶回第一分局刑事組。這時妻子陳色嬌也趕來了，見到出門時好端端的丈夫被打得雙手雙腳烏青，路都沒法走，全靠兩個人拖著才能移動，不禁痛哭失聲。蘇炳坤看到妻子，什麼話都來不及說，又被架到三樓等候。

結束了痛苦又瘋狂的半日，面對排山倒海而來的疲憊，蘇炳坤害怕、沮喪又惶惑，忍不住向負責看守的警察訴說冤屈，對方只是垂著頭，不發一語。對於不知道的事情，應該保持沉默，對於已知的事情，保持沉默又是為了什麼？

下午四點多，蘇炳坤被帶進人聲鼎沸的會議室，與郭中雄雙雙被銬在角落，原來新竹市警局第一分局召開記者會，宣布破案了。當時新聞是這麼寫的：

強盜嫌犯郭中雄前晚潛入新竹市金珍源銀樓行竊，適主人返家，他躲在一個紙箱裡達五個小時，因咳嗽露出馬腳被捕。他供出曾和蘇炳坤搶劫金瑞珍銀樓，但蘇炳坤否認涉案，警方正深入偵辦。警方調查，新竹市北門街金珍源銀樓老闆李文宗（卅一歲）前天晚上十時四十分銀樓打烊後，他在三樓房內發現可疑腳印，懷疑有竊賊潛入，打電話向北門派出所報案。但是沒有發現賊。昨天凌晨一時二十分，李文宗隱約聽到二樓他母親房內有咳嗽聲，乃下樓查看，打開上面覆蓋一床棉被的大紙箱，赫然發現裡面躲了一個人，嫌犯郭中雄（卅五歲）見行跡敗露，丟下手上拿著的一把大鐵剪，推開紙箱逃走。郭中雄逃到附近中山路新竹第二信用合作社內藏匿，因觸及二信防盜警鈴，保全公司及警方人員均趕到，逐房搜查後，在床底下揪出郭中雄。

警方發現，郭中雄的犯罪手法與三月廿三日南門街金瑞珍銀樓強盜相似，經反覆偵訊，他終於供出和蘇炳坤（卅六歲）搶劫金瑞珍銀樓。

警方根據郭中雄供詞，昨天清晨在東大路蘇炳坤家中將他捕獲，不過他矢口否認涉案。[2]

2〈行竊銀樓手風不順　藏身紙箱，咳嗽壞事　潛逃途中，觸動警鈴〉，《聯合報》，一九八六年六月二十日。

聽完這段「犯案」經過，蘇炳坤才恍然大悟，原來他被控犯了強盜案，嚇得整個人幾乎都要癱了。在戒嚴時代被安上「強盜罪」這等罪名，是有可能被殺頭的，可是他連金瑞珍銀樓在哪裡都不知道，怎麼可能去搶劫？他明明是無辜的，為什麼警方就是不信？

記者會結束，蘇炳坤又被帶回刑事組。郭中雄一見到他，立刻叫著他的綽號：「豬仔，豬仔，對不起，因為被他們打得沒辦法了，才會咬你！」蘇炳坤還沒弄清楚是怎麼回事，但直覺告訴他，他是被陷害了。那時有位女性攤販也在場，他連忙叫住刑事組長王文忠說，我是冤枉的，剛才我的工人承認了，不信的話，你問那個女的，她有聽到！

話還沒說完，眼裡滿是怒火的王文忠立刻將郭中雄抓進房間。房間裡傳來郭中雄痛苦的叫聲，高亢哀淒的聲音在局促的派出所裡四處迴盪。蘇炳坤閉上眼，有種無力認命的感覺。

與此同時，數名刑警到蘇家翻箱倒櫃進行搜索，隨手在二樓房間拿走一把他做喇叭鎖時用的銅尺。沒想到，這把幾個月之前蘇炳坤在東大路上撿到、被警方稱為「匕首」或「武士刀」的工具，日後竟成了他犯罪的鐵證。

在不確定的狀況下做出決定，在懷疑的狀況下採取行動，這就是當時警方的做法。

這場被警方形容為「大膽假設，果獲滿分」的破案記者會，蘇炳坤與郭中雄夾在看似英勇無比的員警之間，站在破案布條前留下了合影。深度近視的蘇炳坤刻意被摘掉了眼鏡，幾乎什麼也看不到，既看不到眼前的景物，更看不清自己的未來。

他一直以為自己沒做就是沒做，這就是清白的鐵證。直到多年以後才驚覺，那時三十六歲的自己有多麼天真。

人性的試煉

這件案子到底是怎麼回事？

時序回到一九八六年三月二十三日凌晨。新竹市南門街金瑞珍銀樓發生搶案，兩名歹徒用鐵剪破壞鐵窗進入室內，恐嚇店主陳榮輝說：「不許動，出聲的話，就給你死！」陳榮輝告訴對方，店裡沒什麼東西，請歹徒放他一馬。歹徒不為所動，從廚房拿了菜刀朝他後腦砍了一刀，將他與妻子陳許美龍用尼龍繩綁起來，把銀樓的玻璃櫃打破，搶走了手鐲、項鍊等金飾，揚長而去。

根據陳榮輝報案時的描述，兩名歹徒均蒙著面罩，僅露出眼睛、鼻子及嘴巴，**身高約一六五至一六八公分左右，體型很瘦小**。警方盡了全力偵辦，就是沒有找到可疑的嫌犯。

這已是半年多來新竹市發生的第四起金飾搶劫失竊案。新竹市不是什麼小地方，也不算大，強盜偷竊案頻傳，不免人心惶惶，家家戶戶緊閉門窗，加上雙重大鎖。連月辦案沒有進展，偵查工作形同停擺，大家都很洩氣，民眾也對遲遲未破案的警方，信心盡失。一條可靠的線索都沒有，警方亟需有所突破。

從春末等到夏初，機會終於來了。

六月十八日晚上十點多，北門街金珍源銀樓發生竊案。警方捉到罪證確鑿的嫌犯郭中雄時不免揣想，蔡瑞禎、金瑞珍銀樓等四起竊盜案及搶劫案，會不會都是他幹的？無論如何都想破案的壓力，讓他們決定相信直覺，而最快驗證直覺是否正確的方法，就是逼迫郭中雄認罪。

他們想從郭中雄嘴裡逼出一點東西，讓他走投無路。他們以為，這麼做有一定的正當性。

嚴刑逼供是體力延長賽，會讓被告用盡氣力，最後只剩下一條路可選，就是認罪，承認在莫虛有的事件裡參上一腳，而大部分人會在壓力與恐懼下，做出種種匪夷所思的事。郭中雄被警察摀住嘴巴，從鼻孔灌水，還拿電話簿墊在他身上用鐵鎚敲打……因為疲勞偵訊與暴力刑求逼供雙管齊下，意志薄弱的他陷入恍惚狀態，眼睛一閉，直想到死。

最後五起竊盜搶劫案，包括一起兒童撲滿被偷的小案子，郭中雄全認了。

根據金瑞珍銀樓老闆的說法，搶案不只一名嫌犯，如何找出其他「共犯」，便成了破案的難題。警方威脅郭中雄必須「咬幾個人出來」，否則就要繼續刑求他。萬念俱灰的郭中雄猛然想起積欠工錢的蘇炳坤，便說搶案是蘇炳坤提議的，他說，蘇炳坤事前到金瑞珍銀樓現場探勘，拿了一千塊給他，要他去買鐵剪、手電筒、鑽石刀、起子、剪刀、挫刀等作案工具。犯案當天，蘇炳坤開著一輛藍色小貨車，載著綽號「阿水」的人與他會合，他負責爬到銀樓後方空房子的四樓，用大型鐵剪破壞銀樓五樓後方的鐵窗進入室內，利用手電筒的燈光打暗號，通知蘇與阿水上樓，他留守外面把風。事後他只拿了一條金項鍊與金手鐲，其他贓物都在蘇炳坤那裡。

就這樣，郭中雄、蘇炳坤與阿水結夥偷竊的案情終於「水落石出」了。**問題是，「阿水」人呢？明明沒找到阿水這個人，蘇炳坤也抵死不認，警方為什麼就急著宣布破案？**

新竹市警方昨日凌晨查獲一起竊盜未遂案時，從歹徒犯案模式中，尋獲靈感而楨上開花，偵破幾成懸案的金瑞珍銀樓強盜案，寫下了一週之內連破兩起重大刑案的輝煌紀錄。

這項有若強心劑的成果，再度肯定警方維護治安的信心與決心，也充分顯示，由犯罪模式中，找出犯罪者，是今後偵辦積案一條可行有效的途徑。看似帶著幾分幸運存在，實際上金瑞珍銀樓強盜案的偵破，卻是警方幹員努力經驗所累積下來的，得來絕非僥倖。

全案的偵破，必須突破至少二個以上的關卡……最重要的關鍵，仍在於幹員從積案犯罪手法中，察覺郭嫌所用技巧工具，都與三月間發生的金瑞珍銀樓強盜案近似，有此假設後，整個偵查作業，得以順底於成。[3]

事實上在警方宣布破案時，除了「阿水」仍下落不明之外，還有件足以影響調查結果的事，卻被他們有意無意地「忽略」了。

警方表示，郭中雄在搶劫金瑞珍銀樓一個月之後，拿了一只金手鐲及一條金項鍊賣給東門街寶興銀樓的老闆彭明基，認定這兩樣金飾是從金瑞珍銀樓搶來的。但是當警方將金飾還給金瑞珍銀樓時，**老闆陳榮輝卻斬釘截鐵地說，他們沒做那麼粗的金鍊子，贓物不是他們的**。

如果郭中雄拿去寶興銀樓賣的，不是金瑞珍銀樓被搶的金飾[4]，還能稱作「贓物」嗎？更讓人不解的是，陳榮輝、陳許美龍夫婦異口同聲地表示金飾不是他們的，員警鄭進良卻硬要他們簽下「贓證物品認領保管收據」。他們覺得不妥，但還是簽了，最後將金飾退給警方，並未占為己有。

從陳榮輝夫婦的說法判斷，這批金飾做為搶劫證物的可靠性顯然有問題。如果警方是懷疑郭、蘇是嫌犯，而誤判這批金飾是贓物，或許還情有可原，畢竟這是人性的弱點；如果警方是明知這批金飾不是金瑞珍銀樓的，卻硬將它們當成是郭、蘇搶來的贓物，那就是栽贓了。

蘇炳坤與郭中雄被送往新竹地檢署，由值班檢察官高新武[5]召開臨時偵查庭。郭

3〈作案手法似曾相識　大膽假設果獲滿分　金瑞珍銀樓強盜案破的不偶然〉，柳子文，《新生報》，一九八六年六月二十日。

4 郭中雄在一九八六年八月五日開庭時說，賣給寶興銀樓的金飾是太太訂婚時的嫁妝，只是這樣的說法未被採信。

5 當時值班檢察官高新武，就是日後執行蘇案的檢察官。見第三章，頁六十五。

中雄突然改口說，**根本沒有「阿水」這個人**，但是承認自己拿菜刀砍了陳榮輝，並緊咬蘇炳坤不放。口拙的蘇炳坤氣得說不出話來，只是一再重覆「我真的沒有做」、「我是冤枉的，請你們查明」，除此之外，他不知該說些什麼才好。

他們兩人因涉及重大刑案，諭令收押禁見，被移送至新竹看守所。或許是被白天的刑求給嚇到了，當所方拿水桶跟毛毯給蘇炳坤時，他嚇得哭出聲來，以為對方要拿毯子蒙住他，再度對他用刑。同房獄友拿了褲子給他替換，還請他吃西瓜，只是經歷如此荒謬又痛苦的事，他怎麼可能吃得下？

這天就在極度的慌亂與疲倦下度過了。隔日獄友告訴他，夜裡他在夢中大喊「我是冤枉的」、「我是冤枉的」，說時還帶著淚痕，他聽了又忍不住啜泣起來。

新竹地檢署將這起案件分派給林恩山檢察官。首次開庭，林檢察官只提訊了郭中雄，郭堅稱蘇是共犯，並提及蘇拿一千塊給他買工具的事。以下是當時他與檢察官的部分對話內容：

問：七十五年三月二十三日清晨三時二十分許，你與何人到金瑞珍銀樓的？

答：與蘇炳坤去的。

問：菜刀在何處拿的？
答：在廚房拿的。
問：你拿菜刀做何用？
答：做預防用。
問：菜刀做何用的？做預防是何意思？
答：（不答）
問：你用菜刀砍金瑞珍銀樓老闆陳榮輝是整個計畫內的，或是臨時起意的？
答：我沒有計畫要砍他。
問：你當時為何要砍陳榮輝？
答：（不答）
問：你砍他何處？
答：不知道。
問：你用菜刀砍陳榮輝後，為何要拿他店裡的黃金？
答：（不答）
……

問：剛才問你那些問題，為何不答？
答：我聽不懂。
問：那時為何要殺陳榮輝？
答：不知道。
問：你還有何陳述？
答：我希望被判極刑，馬上處決。
問：為何會這樣呢？
答：我不想活了。
問：為何不想活？
答：（不答）

面對提問，郭中雄什麼都沒說，不是說「聽不懂」、「不知道」，就是保持沉默。一個犯了強盜罪的嫌犯，為什麼一心求死？是否有其他原因？面對如此不尋常的反應，檢察官為什麼沒有追問下去？

第二次偵查庭，林恩山檢察官首次提訊蘇炳坤。他滿腹委屈地想趁機洗刷冤屈，卻只被問了幾個簡單的問題：

問：你是否在七十五年三月二十三日凌晨三時二十分跟郭中雄到陳榮輝的金瑞珍銀樓偷東西？

答：沒有。

問：警察在你家找到一支匕首？

答：我在一個月以前在東大路撿到的。

問：你撿到為何沒有交給警察？

答：我撿回去裝喇叭鎖可以使用。

問：郭中雄說在陳榮輝處搶到的東西在你那裡，你有何意見？

答：我完全不知道。我已四年多沒與他來往。

蘇炳坤本來很想解釋那不是什麼「匕首」，只是他無意在路上撿到的銅尺，可是還來不及解釋，就被叫下去了。

這次偵查庭還傳喚了金瑞珍銀樓的陳榮輝夫婦。陳榮輝當場看到體型壯碩的蘇炳坤與瘦小的郭中雄之後，竟改口表示兩名歹徒身高差不多高，約一六八公分左右，**體型一個較胖，一個較瘦，與報案時的說法明顯不同**；不過陳許美龍則說，**兩名歹徒體型胖瘦差不多**，夫妻倆說法並不一致。他們說，當時屋內只有一盞六十燭光的燈，歹徒蒙著面，又拿手電筒照他們的臉，什麼都看不清楚，無法確定歹徒是不是蘇炳坤與郭中雄，也不打算提告。陳許美龍還說，蘇的母親與陳色嬌去找過她，請他們好好指認，不要冤枉好人。沒想到這樣的說詞，竟成了二審法官研判蘇炳坤有罪的理由之一。

另外，陳榮輝夫婦仍再三強調「贓物」不是他們的，但這個說法卻遭員警鄭進良否認：

檢：這兩件金飾是刑事組交給你的？

陳榮輝：是的，沒有錯。

檢：金飾是何人交給你的？

陳許美龍：是鄭進良交給我的。

檢：陳榮輝、陳許美龍有無告知你這兩件金飾不是他們被搶的東西，重量不一樣，不願領回？

鄭進良：沒有。

檢：這兩件與你掉的東西重量有何不同？

陳許美龍：外型花樣相同，手鐲的重量一樣，但是扣案的項鍊比較粗，我們沒有做那麼粗的項鍊。

檢：你對哪位警察說金飾不是你的，要交還警察？（命當庭指認朱崇賢等四人）

陳榮輝：（不答）

檢：上次庭訊你為何說對警察說東西不是你的，叫警察拿回去，警察不拿回去，寫好領據後叫你蓋章？

陳榮輝：（不答）

從這段對話看來，陳榮輝夫婦與警方的說法明顯兜不攏。他們早說過金飾不是他們的，即使簽了領據仍將金飾退還，但鄭進良卻矢口否認有這回事。檢察官進一步問他們將金飾還給哪位員警，他們卻選擇了沉默。那名員警是誰？他們為何不敢當場指認？答案已是不言自明。

這次偵查最戲劇性的轉折，應該是郭中雄當庭翻供。他表示咬住蘇炳坤是被刑求所逼，「我們二人根本沒有做，是刑事組對我灌水」、「我在警局被刑求逼供，在檢察官訊問時，因為有刑警在場，不敢翻供，實則並無其事。」他還把上衣掀開來，在場每個人都看到他身上的傷痕。

對重大刑案來說，翻供是何等大事，但林恩山檢察官只是傳喚了鄭進良、朱崇賢、何明萬與張瑞雄等在場的四名員警，問道：「你們有沒有對郭中雄刑求、灌水？」他們說，沒有，檢察官就沒再追問了。

從頭到尾，郭中雄的說詞總是反反覆覆，避重就輕，如果仔細審視警詢筆錄，應可察覺他的自白並不可靠。尤其他說出是被刑求才亂咬蘇炳坤，這應該是戒嚴時期最可怕、最不能說的祕密吧，但奇怪的是，檢察官竟置若罔聞，沒當一回事。

經過不到一個月的偵查，檢方依《懲治盜匪條例》，迅速將蘇炳坤及郭中雄以「強盜竊盜及殺人未遂罪」提起公訴，而且起訴書內容與警方移送書幾乎如出一轍。起訴書指出，蘇炳坤矢口否認，郭中雄卻坦承不諱，「惟既無仇冤，斷無誣舉之理，故被告蘇炳坤所辯不足採信，被告等之犯行均堪以認定」，根據《懲治盜匪條例》第二條以強劫及殺人未遂罪起訴，蘇炳坤因撿到「匕首」占為己有，另以「無故持有刀械罪」起訴。至於陳榮輝兩次指認歹徒體型的矛盾、聲稱贓物並非屬於自己的，以及郭中雄對刑求的指控，起訴書內容則是隻字未提。

檢察官為什麼捨棄《刑法》不用，而是以《懲治盜匪條例》來起訴？《懲治盜匪條例》是一九四四年抗戰時期制定的特別治安刑法，照理說，這個條例在一九四五年就已經失效了，可是國民政府以每年延長命令的方式，延長法條施行時間。條例裡有許多匪夷所思的條文與過時用語，例如「聚眾出沒山澤抗拒官兵者」、「結合大幫強劫者」、「強占公署」，都可處唯一死刑。另外，這個條例的構成要件非常寬鬆，只要被告是「意圖」、「未遂犯」、「預備犯」，都可以被定罪，而且政府可以處罰的更廣。或許，這就是檢方決定採用它定罪的原因吧？

政治是蘇炳坤完全不理解，也自認與他無關的世界，然而戒嚴時期政治權力的運作是透明無形、更是無所不在的，市井小民根本沒有膽子挑戰權威，蘇炳坤自然也不例外。只是他左思右想，怎麼樣也想不通：檢察官是刑案偵查程序的指揮者，必須負責訊問的過程是確實而正確的，郭中雄說他是被刑求才咬住蘇炳坤，為什麼檢察官不以為意？陳榮輝夫婦既無法指認蘇、郭是歹徒，又否認警方查獲的贓物為他們所有，為什麼檢察官照單全收？證人的證詞與贓物的來歷充滿瑕疵，為什麼對檢察官來說那麼有說服力？

這恐怕是永遠也無法解答的謎。

誤判

一九八六年七月二十二日，新竹地方法院第一次開庭。透過蘇炳坤結拜兄弟的推薦，陳色嬌委請李文傑律師替丈夫辯護，李文傑在庭上針對兩項疑點提出說明：

第一，三月二十三日金瑞珍銀樓搶案發生那日，郭中雄與蘇炳坤兩人都有不在場證明：郭中雄從三月中旬到四月初，都在新竹市某餐廳忙著油漆裝潢，不曾休息過一天，不太可能犯案，這點郭的工作夥伴可以證明。至於蘇炳坤當天在南部拜拜，更不可能犯案。

第二，郭中雄第一次接受庭訊時身體明顯有傷，在場的人都看到了，顯示他可能是被刑求才認罪；警方「大膽假設，果獲滿分」的破案說明，更讓人懷疑破案關鍵在於嚴刑逼供，希望法官詳加調查。

一審受命推事[6]洪清江等人為了釐清案情，傳喚目睹蘇、郭打架的友人，以及與郭中雄同做裝潢的工人，認為他犯案的可能性不高。此外蘇、郭兩人有過金錢糾紛，判斷郭中雄可能是懷恨在心，又加上被刑求，才會亂咬蘇炳坤。

開庭時，陳榮輝夫婦再度向法官表示，查獲的金飾不是他們的。洪推事要他們當庭指認歹徒，他們強調當時房間很暗，歹徒又蒙著臉，無法確定是誰。

負責審案的合議庭密集開庭，傳喚多名證人，讓證人與被告交互對質，最後洪清江、邱永祥、葉大淵三位推事就金瑞珍銀樓盜匪案的部分，認定證據不足，判處蘇炳坤與郭中雄無罪。至於蘇炳坤因私藏匕首，被判三個月，郭中雄則因犯下其他四起竊案，判刑三年。判處無罪的理由如下：

一、郭中雄在警詢時，先是一口咬定共犯有蘇炳坤與阿水，後來又改口說沒有阿水這個人，只有他跟蘇炳坤兩個人；待案件移至地檢署偵辦時，又說是被刑求才緊咬蘇炳坤，證詞反覆，不足採信。

二、陳榮輝在三月二十三日報案時說，「歹徒均蒙著面罩，僅露出眼睛、鼻子及嘴巴，身高約一六五至一六八左右，體型很瘦小」，並未提及一胖一瘦。到了六月十九日在警局指認時卻說「歹徒有二人，都有戴頭罩，前面持菜刀刺傷我的歹徒是瘦

6「推事」一詞源自清朝舊律，直到一九八九年修改《法院組織法》才將「推事」通稱為「法官」。

的，後面那個歹徒比較胖，好像蘇炳坤，因為胖胖的體型很像，持菜刀的歹徒瘦瘦小小很像郭中雄」，但無法明確指認是郭、蘇兩人。另外，陳榮輝告訴檢察官說，歹徒一胖一瘦，陳許美龍卻說歹徒體型胖瘦差不多，兩人說法迴異。

三、陳榮輝身高一七一公分，他描述歹徒的身高，是與自己相比之後測得。可是郭中雄身高一五七公分，蘇炳坤一七四公分，兩人身高相差達十七公分，體型又一胖一瘦，與他的說法明顯不符。地院審理時，陳榮輝夫婦無法確定歹徒就是他們兩人，「已足認被害人在警訊及偵查中所指認的，並非郭中雄和蘇炳坤二人。」

四、扣案的金手鐲及金項鍊，經寶興銀樓老闆彭明基證實是郭中雄在四月廿六日出售的，六月十九日陳榮輝亦指認具領。但陳榮輝在偵查及審理期間多次表示：「領回的金手鐲及金項鍊都不是我的，因為重量不一樣，警察拿去照相，寫好收據後叫我簽名、蓋指印，又交給我妻子。」既然陳榮輝否認金飾是他的，很難僅憑郭中雄拿到寶興銀樓販賣，便認定是金瑞珍銀樓的贓物。

得知自己獲判無罪，蘇炳坤沒有太大喜悅。他以為自己光明磊落、清清白白，莫明其妙被羈押了兩個月又二十天，心裡滿是憤怒。他決定召開記者會，要求政府賠償他的損失，那日現場媒體不多，但消息還是見報了。

只是賠償還沒個影，林恩山檢察官就提出上訴了。上訴書指出，刑警張瑞雄表示警方沒有刑求，郭中雄也說過「警察問口供，沒有對我如何，我身體沒有受傷」，如果蘇炳坤有被刑求的話，為什麼一再否認涉案，還說不必請律師？「足證被告郭中雄、蘇炳坤稱被刑求乙節不實。」至於郭中雄為了一萬多塊錢就陷害蘇炳坤，「顯然不合情理」。

上訴書還提到，陳榮輝夫婦對歹徒的描述與郭中雄、蘇炳坤相同，後來改變說法是因為蘇母及妻子陳色嬌去找他們，「顯屬維護之詞」、「足證證詞已受影響」。至於陳榮輝夫婦否認金飾是他們的，「銀樓金飾眾多，只能記其外型花樣，何能記憶其粗細？又未單獨秤重，何以知悉重量相同或異，是其事後所供項鍊不屬其所有，未必真實。」

這樣的上訴理由，簡直讓人不敢置信。

若是被告聲稱遭到刑求，常被認為是蓄意狡辯，意圖翻供，而要他們提出證據。問題是被告要如何證明被刑求？動手的警察可能承認嗎？當然，被刑求不代表沒有犯罪，例如郭中雄至少就犯了一起竊盜罪。他最初不敢承認被刑求，是因警察在場，但後來他翻供了，不是嗎？為什麼檢察官不願進一步查證？至於蘇炳坤挺過刑求仍不認罪，是他意志堅定，怎麼在檢察官眼中，反而成了沒被刑求的證據？蘇母與陳色嬌去找陳許美龍，是想提醒她不要冤枉人，難道光是拜訪就足以改變她的說詞？這樣的推論是否太過牽強？

蘇炳坤感到失望，仍存著一點信心，他想，法庭是公正的，終將還我清白。沒想到臺灣高等法院二審推事林晃、陳佑輔、常尚信組成的合議庭仍採信檢察官的說法，認為蘇母與陳色嬌造訪金瑞珍銀樓是「對被害人威脅利誘」，陳榮輝回憶歹徒「一胖一瘦」，符合蘇炳坤與郭中雄的體型，就算他無法確定，「案發當時是在半夜，被害人眼睛又被手電筒照射而看不清楚，或是彎腰和歹徒搶取金飾，故難辨歹徒身高，加以受傷被搶心情緊張，自難確實估出歹徒身高，故不能因而為有利被告之認定」；至於有關刑求一事，「張瑞雄等刑警已具結並無此事，第一分局亦覆函絕無刑求情事，認定刑警沒有刑求」，依《懲治盜匪條例》判處蘇炳坤與郭中雄十五年徒刑，褫奪公權十年。

蘇炳坤激動落淚喊道：「我真的沒有做！我是清白的！」法官淡然說道：「不服？你可以上訴！」心有不甘的蘇炳坤立刻上訴，第三審最高法院推事俞兆年、高廷彬、莊來成、徐豐乾及羅一宇仍以郭中雄（最初的）自白與陳榮輝（模糊的）指認為由，予以駁回。

事實上，若是分析筆錄裡郭中雄與陳榮輝夫婦的說法，實情是怎麼回事，幾可一目瞭然：

郭中雄有關刑求的說法

時間	地點	說法
六月二十一日十七時〇〇分	新竹地檢署	檢：警察有無對你如何？ 郭：**問口供，沒有對我如何。**
七月五日五時〇〇分	新竹地檢署	檢：七十五年三月二十三日三時二十分何人與你到金瑞珍銀樓的？ 郭：**我們二人根本沒有去，是刑事組對我灌水的。**
七月十五日十六時三〇分	新竹地院	法：七十五年三月二十三日三時二十分左右你有無到金瑞珍銀樓？ 郭：沒有，那是逼供的。 法：你在檢察官訊問時，你都承認？ 郭：當時刑事組人員還在場。 法：你還講是與蘇炳坤一起去的？ 郭：**他們逼我招。**

時間	地點	說法
七月二十二日 十時〇〇分	新竹地院	法：你在警局詢問時有承認？ 郭：我被刑訊，逼我要照他們教我所說的話承認。 法：你為何在警局偵訊時要承認？ 郭：**警察說如果不承認就要打，隨時可以從看守所提出來打。**
八月五日 十時二〇分	新竹地院	法：刑事組根本不知道蘇炳坤其人？ 郭：刑事組的人對我說搶金飾的人長的模樣後，要我咬蘇炳坤。 法：刑警都說是根據你供述所作成筆錄並未逼供。 郭：他們當然這樣說…… 法：你在警察局偵查中也是說蘇炳坤和你一齊去搶劫？ 郭：**當時刑警在那裡，我不敢實說**。
十一月十一日 十時二〇分	高院	法：七十五年三月二十三日上午三時二十分許你是否與蘇炳坤頭戴蒙面罩…… 郭：沒有，當天我有不在場證明我去油漆。 法：當天你進入金瑞珍銀樓時……取出菜刀……砍一刀？ 郭：沒有，這是刑警逼供的。 法：你是否與蘇炳坤共同前往竊取財物，被陳榮輝夫婦發覺後搶他們的金飾？ 郭：沒有，刑警逼的，叫我要咬蘇炳坤出來。 法：你在檢察官偵查時為何承認犯案？ 郭：**那是刑警也在場，我不敢照實說，最後一次刑警不在場，我才說實話**。

陳榮輝夫婦有關指認的說法

時間	地點	說法
三月二十三日	警局	陳：兩名歹徒均蒙面，僅露出眼睛、鼻子及嘴巴，身高約一六五至一六八左右，**體型很瘦小**。
六月二十日	警局	陳：歹徒有二人，都有戴頭罩，**前面持菜刀刺傷我的歹徒是瘦的，後面那個歹徒比較胖，好像蘇炳坤，因為胖胖的體型很像，持菜刀的歹徒瘦瘦小小很像郭中雄**。 陳許：二人身材差不多高，約一六七或一六八公分。二人體型胖瘦差不多，當時燈光暗暗的，我看不清楚。
七月五日 十七時三〇分	新竹地檢署	檢：你夫陳榮輝在刑事組為何說一個是瘦的，一個是胖的？ 陳許：我們沒有這樣說，是郭中雄自己講與蘇炳坤一起去的。
七月八日 九時三〇分	新竹地檢署	檢：金瑞珍銀樓發生搶案二歹徒與蘇炳坤、郭中雄二人，經你指認情形為何？ 陳：當時因歹徒蒙面是否他們二人我不敢確定，身高體型相似，一胖一瘦。 陳許：歹徒高約一六五至一六八公分，但**兩人體型胖瘦差不多**。

時間	地點	說法
八月五日 十時二〇分	新竹地院	法：是否此兩人？（指在庭之郭中雄、蘇炳坤） 陳：當時歹徒均蒙面，我看不清…… 法：依當時搶犯體型是否這兩個人？ 陳：我不敢確定。 法：你在警詢時有說瘦的像郭中雄，胖的像蘇炳坤，現在為何不敢確定。 陳：我是說好像。

陳榮輝夫婦有關贓物的說法

時間	地點	說法
七月五日	新竹地檢署	檢：你為何知道金手鐲金項鍊不是你的？ 陳：領回金手鐲金項鍊都不是我的，因為**重量不一樣**。 檢：既然重量不同，你為何向警方寫認領保管收據領回？ 陳：金手鐲及金項鍊警察有拿去照相，警察寫好收據後叫我簽名蓋印，**我當場說東西不是我的交回去**。
七月八日 九時〇〇分	新竹地檢署	檢：這二件與你掉的東西重量有何不同？ 陳許：外型花樣相同，手鐲的重量一樣，但是扣案的項鍊比較重，**我們沒有做那麼粗的項鍊**。

八月五日	新竹法院	法：你被搶金飾，其中手鐲和項鍊這兩個金飾是否你銀樓所生產？ 陳：**都不是**，我被搶的有這兩樣款式的東西，可是這都不是我的東西。 法：這個金手鐲項鍊是否你店裡產製的？ 陳許：**這項鍊絕對不是我店裡的東西**，手鐲形狀重量和我店裡一樣，但我也不敢確定是我銀樓被搶的東西。
十一月十一日	高院	法：警方後來是否有交還何金飾？ 陳：警方有還我金項鍊和金手鐲，說是他們搶了之後，部分拿去變賣被查出來，因警方發還給我的金項鍊是一兩重，金手鐲是四錢多重，而我失竊的項鍊並無一兩重。**花樣相同但重量不同**。 法：你們失竊的金項鍊重量是多少？ 陳：我現在不記得了，我以前有提出清單上面有記載。

透過上述比對，應可確認以下幾件事：

一、郭中雄除了第一次偵查庭因刑警在場不敢說實話，後來便一再表明是警察刑求逼他說出共犯，才緊咬蘇炳坤不放。

二、陳榮輝夫婦對歹徒的描述不盡相同，甚至互相抵觸，但他們都無法確定歹徒是不是蘇炳坤與郭中雄，充其量只能說「很像」。

三、陳榮輝夫婦堅稱被扣的金項鍊重量太重，不是他們店裡的東西，是警方要求簽領據才簽的，如果金飾真是他們的，他們沒有理由不收。

既然郭中雄數度表示是被刑求才亂咬蘇炳坤，既然陳榮輝夫婦無法確認嫌犯是誰，更否認郭中雄出售的贓物是他們的，足見這起案子的人證與物證都有問題。既然如此，為什麼郭中雄與蘇炳坤仍在二審以後一路被判有罪？執法者理應負有尋找真相的責任，為什麼對如此薄弱的證據全部買單，卻對可疑之處不屑一顧？

或許執法者「相信」蘇炳坤是犯人，而且，這樣的想法怎麼樣都不會動搖。「相信」與「真相」之間是有差距的。如果執法者相信誰是犯人，這種「相信」就會成為輔助與建構真相的基礎，回過頭來強化了認知與心證。至於法官為什麼這麼做？或許正如多次發起檢察官改革運動的陳瑞仁檢察官說的：

> 我個人覺得我國當前的法官，與國外的法官一樣，在接到一般案件（非具高度政治敏感性案件）時，大都是傾向「如何能迅速結案」，也就是在「思考如何能減少思考」。這種心理因素下，被告自白成了法官的最愛。

但當被告否認犯行，而有利不利證據又相互衝突時，法官的態度就是關鍵所在。「壞法官」對「發現事實」缺乏熱情，會藉由指揮訴訟縮小調查範圍，將事實簡化到能夠套進去其預設的結論。高明的刑庭「壞法官」，有時更會濫用證據法排除法則，將不利於被告的人證或物證排除掉，如此一來，證據衝突消失，無罪判決就好寫多了……請注意，「壞法官」這麼做絕大部分不是因為拿了當事人紅包，而只是純粹偷懶。[7]

真相太難，正義太遠，未來的路要怎麼走下去？

得知判決結果的蘇炳坤愕然無語，大腦幾乎無法思考。大家都說，證據會說話，沒有證據，就不會判有罪。可是沒有任何具體證據證明他犯了案，郭中雄的說法又前後顛倒，法院居然還判得下去，這是怎麼回事？他拚命解釋說，他真的沒有做，又氣又急地說，穿著黑色法袍的法官高高地坐在前面，無動於衷。

面對這樣的指控，驚訝又無助的蘇炳坤只能阿Q地告訴自己，他們搞錯了，一切

7〈當法官不再用頭腦時，就是司法墮落的開始〉，陳瑞仁，收錄在《法官如何思考》，頁十二，理察・波斯納著，李忠謙譯，商周出版，二〇一〇。

都會真相大白。他雖然不服氣，卻從沒想過直接與體制對決，畢竟那時（一九八六年）不論是鄭南榕發起的反戒嚴運動、還是鹿港的反杜邦運動，都還是「非法集會」，就連甫成立的民主進步黨仍被視為「非法組織」，即使自力救濟的權利意識業已萌芽，仍難驅散民眾對政治的恐懼。在這樣的社會氛圍之下，像他這樣一介小民，就算深感權益受到侵害，又怎麼敢直接挑戰權威？

只是擺在眼前的事實是，三十六歲的他沒有前科，事業有成，前途一片大好，如今卻得在牢裡待上十五年，想起來就痛不欲生。他很想破口大罵，但甫一開口，竟是哀嚎。

三、平反的艱難

律師的告白

「這是一起判決很奇怪的案子，照理說應該沒有足夠的證據，最後竟然可以確定，我們都覺得很無力，就好像自己面對的是一堵牆，一堵無法撼動的高牆……」回憶三十多年前承辦的蘇炳坤案，李文傑律師感慨說道。

李文傑執業已經有四十多年了，他的行事沉穩，思考縝密，在新竹市極具口碑。他遇過明顯有罪的客戶，也接過聲稱無罪的客戶，他總是要求自己不刻意論斷，而是盡可能透過法律途徑尋找足夠的證據及理由，替當事人爭取最有利的空間。

但蘇炳坤的案子不同。他第一次到看守所接見蘇炳坤，就覺得這個人說話真誠自然，恐怕是冤枉的。「也許是直覺吧，一個人如果是冤枉的，他在跟你談論的時候是誠懇的，回答任何問題是不太需要思考的，而且他臉部表情跟情緒，也會讓你有這種感覺。」

聽完蘇炳坤訴說事情原委，李文傑心想，沒有拘票就抓人，那是違法逮捕，而且到了派出所被刑求也不認罪，最後還會被判有罪，實在是太匪夷所思了。待深入研究案情，李文傑更覺得整起案子疑點重重：從頭到尾只有郭中雄的自白，為什麼警方一口咬定蘇炳坤是犯人？好像他們先有了一個故事底稿，再想辦法提出法庭可以接受的證據。

「當時我是覺得除了郭中雄指認之外，證據並不充分，而且蘇先生在警局也沒有承認，基於《刑事訴訟法》規定，無足夠證據就應該推定為無罪才對。」李文傑說。

得知一審獲判無罪的消息，李文傑感到高興，卻不特別意外，他以為任何謹慎行事的法官都會做出同樣的判決。沒想到二審改判有罪，三審上訴又被駁回，他感到驚訝極了。郭中雄的供詞時而矛盾，時而反覆，難道法官不覺得奇怪？整件案情的發展，可說完全超出他的認知與想像。

就李文傑的觀點，審判庭有點像「表演」，承辦法官要怎麼判，多半已心裡有數，有罪或無罪大致抵定，除非當事人或律師能提出強而有力的證據，否則律師的表現不會撼動法官的心證。二審開庭那日，李文傑觀察法官的態度，就覺得情況似乎不妙，例如陳榮輝表示歹徒戴的是毛織面罩，可是警方在郭中雄家搜到的是絲襪，法官不斷問他：「歹徒戴的是毛的面罩？是真的嗎？你確定？」一連問了五、六次，像是在質疑陳榮輝的說詞。當蘇炳坤泣訴被刑求時，法官竟回了句：「現在都是科學辦案，不可能有刑求！」

八〇年代臺灣果真沒有刑求嗎？那「王迎先事件」又是怎麼回事？

一九八二年，臺北市土地銀行遭歹徒持槍搶劫逃逸。在風聲鶴唳的戒嚴期間，承受破案壓力的警方為了火速破案，破天荒以二百萬元懸賞兇手。過了幾天，計程車司機王迎先被刑事警察局「調查」之後承認犯案，卻在押解途中藉口要小便，在秀朗橋跳河自盡。起初警方以「畏罪自殺」汙衊王迎先，直到真正的嫌犯李師科落網，刑事警察局長林永鴻才坦承「有道義責任」、「職務上的疏忽」，但被問到王迎先是否是被刑求致死，他斬釘截鐵地說：「我想不會吧，刑警刑求的辦案方式是落伍的方法，警政當局一再禁止，現在沒有了。」[1]隨著法醫解剖王迎先遺體，發現他身上有多處肋骨折斷、腦部裂傷，並於事後證實有五名警察對王迎先刑求，才終於真相大白。[2]

二審法官的態度讓李文傑心裡一沉，有了不好的預感。果然，他的感覺是對的，法官大筆一揮，一判就是十五年。李文傑以為，一審與二審判決結果差得那麼多，三審法官應該會更謹慎才對，至少，總該發回高等法院更審吧。沒想到事與願違，他的期待，終究還是落空了。

「那時真的是……你好像被什麼東西重擊了一下，不知道要怎麼回應。」李文傑說。

「如果你沒有做，為什麼要承認？」這大概是所有相信自白可靠的基本論點。但，自白真的可靠嗎？一般人大概都會覺得，如果不是真的有罪，不可能承認沒做過的事，其實許多人是因為被迫、或是經過盤算才選擇認罪。葛雷特教授（Brandon L. Garrett）指出，許多被告是受不了長時間的訊問，因為絕望而認罪，他們以為認罪要比在法庭上遭到重判來得好，或是覺得除了認罪以外沒有其他選擇，或者只是為了快點把筆錄做完，寧可認罪。[3]

自白或可做為證據，但不是證據的全部，重點在於法官看待證據的態度。證諸經驗，有些法官傾向相信自白，就算其他證據不那麼可靠，他們還是認為自白是最能證明犯行、也是最不利於被告的證據，一旦有了自白，大抵就決定了被告的命運。

蘇炳坤被判十五年，算是相當重的處刑，這讓李文傑感慨萬千。就算他在庭上慷慨激昂，終究改變不了這是場追逐運氣、卻不知運氣在哪裡的競賽。

如果證據明顯不足，二、三審仍判蘇炳坤有罪的原因是什麼？

「就是自由心證吧。當然，法檢跟被告無冤無仇，不需要故意這麼做。可是有的人在形成心證的過程中，就會漠視訴訟法所規定的一些證據法則。當自由心證超越了法律所規定的規則，問題就來了。唉，碰到這種很奇怪的案子，做律師的真的會很無力……唉，就是無奈啦！」李文傑感慨地說。

李文傑提到手上有件案子，一審獲判無罪，但是從二審法官的語氣與態度，他感覺得到對方的懷疑。他老實對當事人說，你運氣不好，碰到這個法官，我會盡全力幫忙，可是你要有心理準備。他說：「你知道英國法官為什麼要帶假髮？就是要他們忘記自己是人，而是在執行神的工作，而審判本來就應該是神的工作，既然是人，就會

1〈王迎先之死傳說紛紜　林永鴻認為非因刑求〉，唐經瀾，《聯合報》，一九八二年五月十一日。

2 過去被告在遭到起訴之後才能聘請律師，直到王迎先事件之後，立法院通過《刑事訴訟法》第二十七條修正案，規定被告可以隨時選任辯護人，多少是為了避免刑求事件再度發生，被稱為「王迎先條款」。

3《路人變被告：「走鐘」的刑事司法程序》(*Convicting the Innocent: Where Criminal Prosecutions Go Wrong*)，頁二六二，Brandon L. Garrett 著，張芷盈、何承恩譯，新學林，二〇一七。

有個人情緒、好惡、修養的差別，要求他們要像神一樣？很難啦！」

執法者日復一日聽著可怕的犯罪情節，多少會鐵了心，對被告毫不留情。李文傑以為，司法系統過度保守，以及自由心證彈性過大，是不少判決難以服人的原因。他提到一起案例，某甲控告某乙詐欺，檢察官對某甲說，你這樣子告詐欺，怎麼會告得成呢？「案子才要開始偵查，他怎麼可以當著被告的面這樣子說，透露他的心證呢？一旦檢察官把自己的心證在被告面前表露出來，被告當然有恃無恐啊！頭一次開庭都還沒有深入調查，你就講出你的結論，這不是很奇怪嗎？乾脆不用開庭算了。」

那麼，起訴蘇炳坤的林恩山檢察官也有類似狀況嗎？

「大部分檢察官都是朝向對被告不利的方向偵查，這樣很不好。林檢察官給我的印象是蠻嚴肅的，他有沒有做深入的調查？有沒有去現場勘驗？我想是沒有啦，檢察官大部分都是坐在辦公室辦案，很少到現場去看，除非是命案一定要履勘，否則只是做paperwork。郭中雄緊咬蘇先生，我們就覺得起訴的可能性很高，不過既然一審判無罪，法官一定有他的道理，可惜檢察官沒有仔細思考這些（無罪的）理由。」

既然如此，檢察官為何還是決定上訴？

「這就是考績啦，也就是所謂的辦案正確性，辦案正確的比例。如果他起訴的案子被法院判無罪，就表示他起訴不正確啊，他們就是抱著『法官判無罪，我就一定要上訴』的觀念。就實務經驗來說，現在大部分檢察官還是這樣，就是要繼續堅持他的起訴理由沒有錯……」他像是在思考該用什麼字眼來形容，而後謹慎說道：「如果只是抱持著公務員的心態，是難免會流於這種毛病。」

我在舊檔案中翻到當年李文傑寫給蘇炳坤的信，秀逸的硬筆字流露著真切的情感。信裡有段話是這麼說的：

……吾兄受冤，吾身為律師，且曾經辦此案，感受最深，平日時常思考如何為兄助一臂之力，無奈目前法制有關再審或非常上訴之條件甚為嚴格，最高法院又把關甚嚴，使遭冤確定的案子極難推翻，造成的冤獄極難平反，無力感常伴隨不去。這是法律人的悲哀，也是民主國家的不幸。

我把這封信影印下來，特地拿來給李文傑看。他有點意外地問我，真的？有這麼一封信？他不急不徐地戴上眼鏡，短短三、四百字的信，他讀了好幾分鐘，兀自低頭說了好幾次是啊，是啊。

「你竟然找到這個？不容易啊……」他摘下眼鏡，捏捏雙眼之間的鼻梁：「已經好久了。」

我指著信上幾處像是被水漬淹沒、難以辨識的字跡向他求證原文，並說出我的猜測：「這些被暈染開來的字，我猜是蘇大哥一邊讀信、一邊哭的關係。」

他輕輕將手上的信擱下，久久無法言語。

「相對於之前辦的刑案，蘇案算是比較重大的刑案，判決後來被推翻，這樣的情況對我來講也是第一次……」他深吸了口氣，繼續說道：「你從我寫的這封信應該可以看出來，我跟蘇先生本來只是辯護人跟被告的關係，可是你看，那麼久以後我還會寫這種信給他，你就知道我對這個案子相當耿耿於懷。」

「我可以想像那時你的無力，那麼想幫忙，卻什麼都幫不上。」他聽了，頓時紅了眼眶。

那時為了爭取時間謀求平反，陳色嬌代替丈夫蘇炳坤向執行檢察官高新武求情，希望延期服刑，高檢察官爽快同意了。趁著這段時間，李文傑沒讓起訴書裡的漏洞從眼皮下溜走，仍舊想方設法試圖力挽狂瀾，但還是失敗了。

「我們做律師的人微言輕，法官看到是律師幫當事人寫訴狀，就會覺得你是幫當事人喊冤，不會真正想要深入瞭解案情，都是公式化回一紙公文說，這些你以前都提過了，不是什麼新事實、新證據，原審判決也沒有違背法令，都是官樣文章。寫了很多訴狀，卻換來一紙這種公文，真的很無力。」

蘇炳坤案揭露了令人不忍直視的現實，那就是一旦形成有罪推定的心證，要撼動這樣的想法有如緣木求魚，而且多半執法者沒有勇氣推翻前審的判決，只會照章行事。這樣的判決就像國王的新衣，國王明明沒有穿衣服，可是沒有人敢講出來。蘇炳坤一直想知道，為什麼他會被判有罪？他等了又等，盼了又盼，換到的只有無盡的沉默。

體制內每一條路都被堵死了，蘇炳坤像是被拋棄與隔絕的孤島，沒有人可以救他。可是他不甘心，打算奮力一搏。他告訴李文傑，他決定用逃亡來表達對錯誤判決的抵抗。

熱血記者

蘇炳坤說他是冤枉的，同樣一句話說了又說，就算判刑確定了，他還是一再喊冤。

不過就算是天大的冤屈、多麼不正義的事情，只要時間久了，看似死無對證，最後人們就會拋諸腦後，再也無人理會他的死活。

直到林家琛的出現。

林家琛是《聯合報》駐新竹主跑司法的記者。他常看到一位六十多歲老先生兀自坐在新竹地院門口，手舉著自製牌子，高喊著「公義使邦國高舉」，抗議司法不公，路過行人無人駐足，亦視若無睹，大家以為，就是個瘋癲癡傻的老人吧。

起初林家琛也以為這人是個肖仔，並沒有放在心上。老先生天天到法院報到，說的盡是同樣的話，讓他忍不住上前問道：老先生，你是有什麼冤屈，為什麼天天來這裡抗議？

「老先生很激動地說，不是我有冤屈，是我的義子蘇炳坤被冤枉了。說真的，剛開始我聽他說得那麼激動，也會懷疑他是不是精神有問題。可是聽他描述整件事情經過，那種激憤，那種強烈的正義感，就慢慢被說服了。」林家琛說。

老先生說，他叫楊錦同，已經退休了，是無意遇到躲避追捕的蘇炳坤才得知案情。他很同情蘇炳坤的遭遇，更對公理不彰感到憤怒，決定收蘇炳坤為義子，替他討回公道。

楊錦同深沉的憤慨與堅定的態度，引起林家琛莫大的興趣。他想，通緝犯最怕兩種人，一是警察，一是記者，如果蘇炳坤願意現身說法，多少可以證明他的無辜。他問楊錦同說，我想訪問蘇炳坤本人，聽他自己是怎麼說的，可以嗎？楊錦同很快說，好，我來幫你！

過了幾天，蘇炳坤打電話給林家琛，話沒說兩句，就在話筒另一端嚶嚶啜泣起來。「我問他，你願意見我嗎？如果你是冤枉的，我願意幫你把故事寫出來，但是我一定要見到你，你敢不敢？蘇炳坤說，我敢！過了幾天，我們就見面了。」

林家琛記得，那是個「月黑風高」的夜晚，兩人約在東大路的巷弄見面，大概是擔心有什麼風吹草動，要跑比較容易吧。

「我其實也會怕捏，這個人是強盜案的通緝犯耶，萬一怎麼樣的話，怎麼辦？我騎著摩托車沿路一直念阿彌陀佛……」林家琛笑著回憶，「我一看到他，他說他是蘇炳坤，說著說著眼淚就掉下來了。啊，那時候我就知道，這個人一定是冤枉的……一個高高壯壯的大男人，碰到陌生人眼淚就掉下來，那個神情、那個肢體語言告訴我，這個人必然有冤屈！」

蘇炳坤告訴他，案子定讞後他要求暫緩執行服刑，負責的高新武檢察官也同意了。等到執行當天，陳色嬌跑去找高新武說，我先生是冤枉的，沒辦法服刑，請檢察官原諒。高新武沉默了一會，對陳色嬌說，現在只有一邊逃，一邊喊冤了。

「我聽了很驚訝，哪有檢察官叫犯人一邊跑，一邊喊冤的？我跑去問高新武說，你叫蘇炳坤邊逃邊喊冤？真有這回事？他馬上就承認了。高新武是我很欣賞的檢察官，如果連他都這麼說，更堅定了我對（蘇炳坤）無罪的信心，我相信他絕不會看錯人！」

為什麼林家琛對高新武如此信服？這要從轟動一時的「吳蘇案」談起。

一九八九年，司法院第四廳廳長吳天惠的妻子蘇岡律師以「可向法官關說」為由，向委託人索取鉅款，企圖影響新竹地檢陳松棟檢察官負責的貪瀆案件。其間吳天惠以廳長名義多次向承辦者施壓，蘇岡更在陳松棟拒絕接受關說之後撂下一句：「我就不相信有司法官不收錢的！」

陳松棟向同在新竹地檢署的檢察官高新武說了這件事，高新武擔心事前請示檢察長會「被結案」，沒有按照規定先行知會臺北地檢署，直接跑到臺北搜索拘提吳天惠夫婦。這個做法驚動了檢察高層，以高新武「積案過多」為由，要他交出案件。這個舉措引發新竹地檢署強烈反彈，新竹地院亦有不少法官出面聲援，在輿論壓力下，法務部勉強同意組成包含高新武在內的三人偵查小組，完成偵查起訴工作，但最後吳天惠仍獲判無罪。新竹地院的袁崇槙、林敏澤、孫天麒、謝啟大法官及新竹地檢的邱太三檢察官憤而提出辭呈，幾個月之後，高新武亦決定辭職以明志。他的辭呈是這麼寫著：

職少乏適俗之能，曩以世間濁惡不平，憂思難忘，乃不揣鄙陋，投身司法，於茲八年矣。其間雖或沉鬱自斂，乏善可陳；惟亦自期踔厲發揚，有所獻替，要皆不離實踐正義之衷忱也。

今吳蘇行賄一案，聳動聽聞，而以法律之前人人平等之理念觀之，該案之偵查，亦平常事耳，而國人竟駭異乃爾，或欣躍若此，則我向來之司法是否果已體現人人平等之精神，良足檢討也。本案之偵辦，其義絕不應限於個人生命情懷之激越展現，若更能觸動國人對司法積弊沉痾之深切省察，並喚起我輩同仁之昂揚銳氣，則職心願已足，無怨無悔。

國家司法之振衰，繫乎主事者之正心誠意及制度之徹底興革，職一介匹夫，其去其留，曾何足以云有所損益於司法？俟河之清，人生幾何！今動秋風之思，有遄歸之意，庶得返諸寧靜，還我本色。臨行徘徊，心豈無感，辱蒙諒察，則職無任感禱矣。

因為主跑吳蘇案的緣故，林家琛經常去找高新武，長時間近距離的接觸，讓他跑到不少獨家新聞，更對這位剛正不阿、又有慈悲心的檢察官欽佩不已。他想，既然連高新武都覺得蘇炳坤是冤枉的，肯定錯不了。

「因為寫了一系列吳蘇案的新聞，很多人覺得我很有正義感，《聯合報》又是很有影響力的媒體，我想只要多寫一點蘇炳坤（的新聞），應該會引起注意。那時環境跟現在不一樣，我太太是檢察官，說不定會連累她也說不定，但不知道為什麼，我天不怕地不怕，而且我不是亂寫，都是有憑有據的，報社也沒有給我壓力。」

林家琛撰寫的蘇案新聞見報之後，開始有法院人士主動與他討論案情，透露線索。

「新竹地院有位書記官告訴我，郭中雄是因為警察揍他，要他咬一個人，才會咬住蘇炳坤。這個書記官我很熟，是那種很穩重、不會亂講話的人，聽他這麼說，我心裡就有數了。」

那時法界有人知道蘇炳坤的冤屈，他們私下告訴林家琛，這個人真的很倒楣啦，但每個人基於不同理由，都不願出面相挺，林家琛也很講義氣地沒有聲張，就怕壞了他們的仕途。這就像房間裡的大象悠遊晃蕩，那是不能說破的、公開的祕密。

初生之犢不畏虎的義憤，加上對新聞工作的熱情，林家琛對蘇案益發投入。他除了撰寫相關新聞，更建議蘇炳坤應該去找立委、監委、部長陳情，其中包括前新竹地院法官、前立委謝啟大。

謝啟大曾任新竹地方法院法官，對青少年犯罪案件著力甚深。她會在庭上訓誡犯人，也會傳喚父母斥責他們失職，不過罵歸罵，她總是量刑從寬，盡量不把被告裁付感化或送進監獄。許多人都稱她「謝媽媽」，說她是最有正義感與菩薩心腸的法官。

透過林家琛與高新武牽線，謝啟大開始參與救援蘇炳坤的行動。

木工蘇炳坤冤屈疑案，立法委員謝啟大表示，她昨天請法務部先撤銷對蘇炳坤的通緝，法務部長馬英九指撤銷通緝有困難，但強調瞭解此案案情後，他個人也相信蘇炳坤被冤枉的可能性非常大，將再和最高檢察署檢察總長陳涵研商救濟方法。

謝啟大說，她昨天在立法院與馬英九見面，馬部長對蘇炳坤案相當瞭解，表示已經和檢察總長陳涵研究了很久，檢察系統方面認定蘇炳坤的確有可能被冤枉……謝啟大指出，馬英九向她保證，他個人絕對站在檢察系統這一邊，知道木工蘇炳坤冤枉，所以支持檢方依法救濟，他會再和檢察總長研商救濟方法，繼續努力。她請法務部先行撤銷對蘇炳坤的通緝，馬英九答說這方面尚有法律層面的困難待克服……高新武與她，為此案已奔忙了一陣子了。[4]

林家琛對蘇案的投入，從一件小事就看得出來。他聽說法務部長馬英九要去新竹少年監獄，認為機不可失，要蘇炳坤準備好資料，親自騎著摩托車載陳色嬌去陳情，待部長抵達現場時，陳色嬌已經跪在那裡申冤了。這個經典畫面頓時搶攻了不少媒體版面。

就在林家琛四處點火的同時，楊錦同仍持續在新竹地院門口抗議。某年除夕當日，林家琛準備回虎尾老家過年，楊錦同又坐在那裡絕食，林家琛看了很不忍心，說，天氣這麼冷，你趕快回家，等過完年再來抗議，我替你發新聞，好不好？楊錦同不肯，說什麼也要留下來，還說，就算死在這裡，他也在所不惜。

「我勸了很久都勸不動，就離開打算回虎尾了，可是回去的路上愈想愈不對。那天寒流來，天氣那麼冷，他又穿得那麼單薄，萬一出了什麼事怎麼辦？我想想，又跑回宿舍拿了一床棉被給他，事後他回送了一條新的被子給我，」林家琛微微笑了起來，

「你看，楊錦同就是這麼熱情的人，只是一般人不太瞭解，以為他是偏激分子，精神有問題。其實不是，他是個熱情、意志堅強、充滿正義感的人，只是大部分的人不瞭解他，以為他是瘋子，沒有人理他在抗議什麼。」

林家琛的感慨不是沒有原因的。一九九七年六月，逃亡多時的蘇炳坤在就醫時意外被捕，這個消息已經讓林家琛夠難過了，沒想到四個月之後，性格剛烈的楊錦同認為絕食已無法撼動司法，竟選擇以死明志，在新竹地檢署前面上吊自殺。

> 七十三歲的新竹市民楊錦同認為蘇炳坤未涉及銀樓搶案卻含冤入獄，除收蘇炳坤為義子外，並四處陳情，抗議司法不公，希望為義子平反未果，昨天中午在新竹地檢署門口上吊自殺，經法警救下送醫急救，至深夜仍昏迷不醒。
>
> ……從電力公司退休的楊錦同與蘇炳坤不相識，獲知蘇炳坤的冤情後，收蘇炳坤為義子，八年前開始四處陳情，替蘇炳坤喊冤，非常熱心。他為了讓各界知道蘇炳坤冤屈，六年前即曾在新竹地檢署門口絕食，抗議司法不公，並在門口上吊被救下。[4]

4〈蘇炳坤　馬英九相信被冤枉〉，林家琛，《聯合報》，一九九四年四月十二日。

> 前天上午十時許，他再持布條到地檢署門口，要求見院長、檢察長、檢察官與法官，被法警勸阻，隨即席地睡在招牌下，揚言「不還蘇炳坤清白，將要死諫，不吃不喝」，法警與書記官多人見狀，勸他回去，楊錦同仍不為所動。
>
> 昨天中午十二時卅五分，楊錦同拿出紅色塑膠繩，再次在地檢署門口的大樹上吊，法警見狀立即打電話通知救護車，並將楊錦同救下，送省立新竹醫院救治。楊錦同送醫時昏迷不醒，急救後也未甦醒，在加護病房觀察，醫院告訴他太太楊錦蘭「獲救的機會已不大」。楊錦蘭表示，家屬都不知道楊錦同要死諫。[5]

「那時我剛好出國，回來人家跟我說楊錦同上吊死了，啊，我非常的難過。他理個平頭，穿個夾克，每天坐在那邊，六十幾歲的老先生，頂著一頭黑白參差的頭髮，看起來怪怪的，沒人敢惹他，也沒人關心他，都認為他是肖仔，就連法警也以為他是瘋子。他一直被外界誤解，但是我沒有……他出來抗議，不是為了自己，是為了蘇炳坤啊！」

林家琛的堅持與報社的支持，好幾次以整版或半版報導蘇炳坤案，慢慢有媒體陸續跟進。然而大眾的記憶是短暫的，看似關心一則事件，等媒體停止了報導，馬上就忘得一乾二淨。蘇案也是這樣，記者發了新聞，人們可能關心一陣子，風頭過了，便如船過水無痕，什麼都沒有留下來。對於所有案件，我們不都是這樣的反應嗎？民眾的期待是警察抓到犯人，檢察官起訴他，法官審判他，媒體報導他……問題是，萬一這個人是無辜的呢？

林家琛鍥而不捨的報導，掌握了蘇炳坤的痛苦與呼喊。他拍過一張蘇炳坤痛哭的照片刊登在報上，那張哭喪的臉，看了就足以讓人掬一把同情之淚。但是不管他怎麼寫，怎麼努力，就是無法反轉蘇炳坤的命運。

為什麼一起問題重重的案子，要平反竟是如此困難？

「唉，我覺得司法體系是一個冷衙門，一個很陰森、很冰冷的地方。為什麼？會進來法院的（被告）有一半是壞人，好人的機率頂多一半，執法的人長期在這個圈子，就算知道無罪推定，只要看到被告的第一個反應就是覺得有罪，他們養成的思維就是這樣，很難有什麼熱情，沒有。我從民國七十六年開始跑司法新聞，我覺得除了最有熱情的法官謝啟大，最有謀略的檢察官高新武，多數人是沉默的。蘇炳坤的案子已經

5〈地檢署門前上吊　老翁死諫〉，林家琛，《聯合報》，一九九七年十月十一日。

定讞，對他們來說，已經定讞的案子就是事實，沒有人會主動、積極、熱情去翻案……不可能！」

像蘇案這樣已經定讞的案子，若要平反只有兩條途逕：如果是事實有誤，就聲請再審，如果是判決違反法令，則必須由檢察總長聲請非常上訴。只是聲請再審的成功率向來極低，聲請非常上訴通過的更是鳳毛麟角，要打開平反之門，簡直是不可能的任務。

直到林家琛結識了異議的獨行俠，新竹地檢署主任檢察官彭南雄，總算為停滯已久的蘇案帶來一線生機。

彭南雄是少數公開支持蘇炳坤、甚至主動為他提起再審理由書的法界人士，林家琛三不五時就會去找他商量。熟稔日本刑事判決的彭南雄想到著名的「白鳥決定」，兩人覺得這個案例很值得參考，便由林家琛發布了這則新聞：

……起訴蘇炳坤的是新竹地檢署，不服一審無罪判決而上訴的是新竹地檢署，在認為蘇炳坤冤枉之後速謀補救的也是新竹地檢署。

但是，非常上訴與再審是很難走的兩條路，以司法界最近的統計為例，向二審法院聲請再審的案件約二千件，裁定准予再審的，只有十二件，堪稱百不得一。再審平反的機會，更為渺茫。因為「事實審」的反覆，常隨著時間的消逝，模糊了有利證據的信度與效度，不易被法官採信。

日本在一九七五年發生的「白鳥決定」之前，司法界、甚至一般人都相信確定的判決再被推翻會影響法律安定性，因此，普遍存在「即使判錯了也是對」的想法；直到人權律師和島岩吉的奔走，在白鳥事件發生之後，才改變了日本人的觀念。白鳥是一名警官，他在騎腳踏車時被人槍殺死亡，當時懷疑白鳥是被共產黨暗殺的，警方逮捕了一些可疑分子，一名地方黨部的負責人被判了廿年徒刑，聲請再審沒有成功。

和島岩吉成立辯士（律師）團，敲開再審的大門，日本最高裁判所（最高法院）不但推翻了原判，判決無罪，並因此案確定一個原則：只要足以產生合理的懷疑，而這一合理的懷疑又有發生的可能，就可以做為無罪判決的新證據。而且，審判中發現的可疑的利益歸被告所有。對於這種法治及人權觀念的重大改變，日本司法史稱為「白鳥決定」。

「白鳥決定」對日本司法產生了極大的影響，短短五年間，就有三件死刑的案子改判無罪。在此之前的卅年，因再審翻案成功的例子少之又少。

而我國司法制度採行「大碗公」主義，法官要急性消化手上堆積如山的案件，沒有精力也沒時間深入查證，在一些首長心目中，結案速度快比正確還重要，他們認為速度快才不會造成民怨。

病人進醫院都希望醫生仔細檢查，打官司的人難道不需要法官詳查嗎？在「快」比「精準」更受重視的今天，不知我們的「白鳥決定」在哪裡？[6]

新聞見報後引發外界熱議，讓林家琛頗感振奮。「你看看我們兩個肖仔，夠堅持吧！所以我常說蘇炳坤真的是運氣好，碰到像彭主任這樣的檢察官，他在司法體系也許不是那麼得意，可是我很喜歡這個人，人品更是沒話講。蘇炳坤最後能夠平反，就是碰到了一群非主流的記者、律師跟檢察官，合力完成了一樁不可能的任務！」

蘇炳坤說過，在他逃亡期間多虧彭南雄一路掩護。有員警上門捉人，陳色嬌向彭南雄求救，他一通電話打到警察局怒斥：「你們沒有人可以抓了嗎？為什麼一定要抓他？現在他人在我宿舍，你們要捉人？來啊！」

檢察官要求警察放通緝犯一馬，已經夠驚人的了。更令我好奇的是，這位檢察官何以干犯眾議，做出如此驚世駭俗的事？他是個什麼樣的人？

孤鳥檢察官

見到彭南雄那日，甫落坐他便問我：「蘇炳坤說我打電話去罵新竹派出所的人，你大概也聽過這件事喔？」見我點頭表示知情，他面露尷尬：「其實我是沒有用很嚴厲的口吻去威嚇警察啦，我只是想表達一個意思，這就像是一個很大的魚池，這麼多魚，為什麼非要抓這條不可？而且已經有人在為蘇炳坤叫屈了。不過那時候當主任檢察官，多少還是有點威信，應該是會造成他們的壓力。」

正如林家琛形容的，彭南雄是個充滿學者氣質的人，至少，從來沒有人在我面前用英語背誦蓋茲堡宣言[7]，眼睛還熠熠閃著亮光。我問他為什麼決心重翻舊案？他客氣表示，是新竹地檢署前任的主任檢察官陳文昌與他交接時提到蘇案，說「這個人盡衰過」（客家話，很可憐的意思），自然讓他對這案子多了點印象。

6〈非常上訴與再審　難走的兩條路〉，林家琛，《聯合報》，一九九七年六月八日。
7 美國總統林肯最著名的演說，以不到三百字闡述美國獨立宣言「人皆生而平等」的原則。

那時正在逃亡的蘇炳坤不斷奔走喊冤，四處寄送陳情書，法務部簽請發交新竹地檢署重查，案子來到主任檢察官陳文昌手中，他研究之後發現果然疑點很多。

首先，郭中雄說他是從金瑞珍銀樓後面四層樓空屋，再爬到銀樓的五樓行竊。陳文昌親自履勘現場，發現**銀樓後方沒有空屋**，**只有一棟三層樓建築**，樓上沒有搭蓋違建，除非郭中雄有飛簷走壁的功夫，否則很難徒手攀爬到金瑞珍銀樓五樓。其次，郭中雄自稱是從金瑞珍銀樓後面剪斷鐵窗進去，但根據警方的說法，歹徒是剪斷**銀樓前面陽臺的鐵窗**，顯然與郭中雄的自白不符。再者，金瑞珍銀樓的陳榮輝說，查獲的贓物不是他們的金飾，甚至不願受領，光憑以上幾點，就不得不懷疑判決的可信度了。

「陳文昌沒有繼續辦這個案子，不是落跑，是被調去桃園，如果他繼續處理的話，也會處理得很妥當。他離職前特別跟我強調這案子很冤，所以我就接手了。」

聽說彭南雄重啟調查，蘇炳坤主動打電話想說明原委，卻被彭一口回絕了。「他一直打電話給我說要來看我，我說，你是通緝犯，無論是私下或公開場合，如果我見到你，就非得把你捉起來，不羈押你是我失職，你不能來見我。我知道他想來見我的目的是想要取信於我，一個人被冤枉成這樣，我相信他一定是很苦，我說，你把資料寄來，我一定幫你處理。」

非得找出真相的人，通常都有點固執。彭南雄在成堆的訴狀與紀錄裡泅泳，就怕忽略了什麼重要線索。蘇炳坤也會不時打電話給他，他詳細詢問相關細節，發現蘇炳坤說得很流暢，滔滔不絕，就算隔著電話，仍能感受到真誠與無辜，即使有時說的未必與案情有關，仍有助於他瞭解蘇炳坤的為人。

待讀完所有卷證，他對審判結果是否公平起了疑心，更深感檢察官起訴的理由站不住腳。

「任何一個有良知的檢察官只要仔細閱卷，都會發現這是一起冤案，但是你要翻轉判決，大概就會有昧於人情世故的問題。人都有面子的問題，都會礙於顏面不敢講，做錯要承認錯誤，這是很難的事。我在閱卷的時候就覺得第一審判的沒錯，但是我們的體制很奇怪，這樣的案子還會被起訴，被判有罪。」

最早讓彭南雄起了疑心的，是郭中雄的說法。檢察官偵查時，他對於如何行搶、為何要砍傷陳榮輝、為何要搶銀樓等問題，都回答「不知道」或「不答」，卻又一口咬定自己與蘇炳坤共同犯案，還主動要求判死，這些不尋常的供詞在筆錄裡頭都有。另外，做為補強證據的陳榮輝夫婦的指認也過於薄弱，如果當時只有六十燭光的燈光，歹徒又戴著面罩，他們怎麼可能辨識得出誰是搶匪？

此外，彭南雄對那批金飾是否能做為證物，亦抱持高度懷疑的態度：

新竹地檢署主任檢察官彭南雄昨天重新調閱八年前蘇炳坤被控強盜傷人案偵查卷宗，發現當時承辦的警方人員，對於被害人遭劫的金飾，是以其他金飾替代，已由被害人退給承辦檢察官，至今仍扣在新竹地檢署內。彭南雄懷疑當時警方是否為了破案而提出偽證，決定傳訊警方承辦人瞭解原委。

新竹地檢署昨天調卷查閱瞭解，警方是先逮捕竊盜案嫌犯郭中雄，依郭中雄自白起出被搶金飾，並進而逮捕蘇炳坤，警方後來通知被害人領回查獲的金手鐲與金項鍊，並將被害人指認後領回贓物的領據，一併附卷移送給檢察官。檢察官後來開偵查庭，特別針對此點，詢問被害人陳榮輝，如何認出已領回的金飾是該店被歹徒搶走的金飾？未料陳榮輝答非所問，反說那些金飾與該店被搶的金飾重量不符。檢方又追問，既然不是被搶金飾，何以具領？陳榮輝答說，當時他向警察表示東西不是他的，因為重量不一樣，他不願具領，警察才要他先在具領條據上簽名蓋章，接著警察將金飾拿去拍照，再叫他太太拿回去，陳榮輝當庭再把已具領的金飾呈交檢察官，迄今拒領，仍扣在新竹地檢署。

案發後，由於蘇炳坤喊冤，蘇妻及蘇母曾到金瑞珍銀樓，要陳榮輝夫婦指認清楚，不要冤枉別人，檢察官針對此點偵訊，陳榮輝說「有」這回事，以致本來對蘇炳坤有利的證詞，反而對蘇炳坤不利。彭南雄主任檢察官最近又發現，扣案之金飾重量與案發時金瑞珍銀樓提供的遭搶清單金飾不一樣，顯示陳榮輝夫婦未因蘇炳坤家人到訪而更改證詞。[8]

彭南雄在辦案方面有著不容妥協的個性。綜合評估所有卷證，他認為有合理證據足以相信蘇炳坤的無辜，甚至認為平反此案是自己道義上的負擔，而眼前最重要的，就是提出充分的理由提出再審或非常上訴。

例如當時檢察官以強盜殺人未遂罪起訴，就是個很大的問題。

「縱使他們有強盜的事實，有沒有殺人？你要判斷一個人是殺人還是故意傷害，區別在哪裡？第一個就看使用的凶器是什麼，是不是致命性武器？是用槍還是用刀？用刀的話是不是很銳利？郭中雄用的凶器是陳家的菜刀，我從法醫學的立場來看，他

8〈蘇炳坤案　檢方重新調卷　發現疑點〉，林家琛，《聯合報》，一九九四年四月八日。

是用刀背不是刀刃，如果故意殺人會用刀背嗎？這顯然也與經驗法則不吻合。」彭南雄說。

另外，根據《刑事訴訟法》第四二〇條，「原判決所憑之證物已證明其為偽造或變造者」可聲請再審。彭南雄心想，陳榮輝聲稱贓物與被搶金飾重量並不相符，最後還是簽了領據，如果依詐欺罪起訴他，或可藉此證明證物有問題，做為開啟再審的新證據。

「那時很多人說，陳榮輝是被害人，你為什麼要起訴他？我說我沒有辦法，這麼做是為了證明金項鍊跟金手鐲不能成為有罪的證據，讓檢方有理由聲請再審。那時候起訴他，我也很痛苦……」

後來陳榮輝二審確定有罪[9]，彭南雄據此聲請再審，心想應該沒有問題了，沒想到直到他離開竹檢，這個希望還是破滅了。他無奈表示：「審判心理是非常微妙的，要推翻別人的法律見解或心證態度，太難了。畢竟同僚之間還要朝夕相處見面，尤其是華人世界愛面子的民族性吧！」

彭南雄知道司法系統問題出在哪裡，真相不易彰顯，就算提再審與非常上訴不是他的職權，仍拚命撰寫理由書提供上級參考。同事笑他何必花時間幫受刑人平反，他卻堅持受冤屈的人就該得到平反。

他與蘇炳坤素昧平生，為什麼願意做到這種地步？

「大概是我的個性很執著吧，對看不慣的事情很固執。什麼叫公平正義？相同事情相同處理，這就是公平。我辦案就是這樣。當檢察官要有鍥而不捨的個性，而且不怕得罪人，如果怕得罪人就完了。我辦案一向有我的口碑，何況蘇炳坤冤枉是大家有目共睹的，只是沒有人敢去翻案，既然我自告奮勇，他們也不會擋，反正也覺得我不見得翻得過來……」他喝了一口茶，半開玩笑地說：「不過我多少也好名啦，林家琛寫了好幾篇（新聞）提到我，每次在報紙上看到自己名字，當然也會很高興，覺得好像有點虛名，想說透過媒體可以影響社會，翻轉案情。我很喜歡日本檢察總長伊藤榮作一句話：『要讓窮凶惡極的人寢食難安，要讓被害人有感同身受的心。』這是理想。但我不是聖人，說我不為名不為利？也不全然……不過辦這個案子，對我工作升遷沒什麼用啦！」嗯，說的好誠實。

9 陳榮輝詐欺案原新竹地院一審判無罪，到了臺灣高等法院認為他第一次冒領之時詐欺罪已成立，事後退回仍無法免責，故予判罪一個月，緩刑三年。

擔任檢察官三十幾年，彭南雄辦過不少別人眼中棘手的案件，像是收押貪汙的典獄長，結果得罪政壇大老；查賄選查到農漁會大頭、政黨主委及黑道，免不了吃長官一頓排頭。我問他，難道不怕被人家蓋麻布袋，痛打一頓？

「有什麼好怕的？蓋就蓋，死就死了，死人我看多了。黑道砍人要砍對人，我沒吃他喝他拿他的，不貪他的，不會怎麼樣啦！」他鎮定說道。

像彭南雄這種愛恨分明、又有原則的人，常被嫌是不合群的孤鳥，有人說他太具理想性格，就連長官都說他「不好控制」，肯定是官場禁忌。彭南雄笑稱自己官做得不好，做到昔日部下變成上司，他不怎麼服氣，牛脾氣卻也不改。他寫過一份起訴書，某長官打電話來說，你寫的起訴書，我都看不懂，彭南雄沒好氣地回說，看不懂？慢慢看就會懂啦！後來他從新竹調到桃園服務，某長官成了他頂頭上司，他心想，這下子可慘了。還好，某長官畢竟是識人之人，知道彭南雄吃苦耐勞，重用他查察賄選，果然戰功彪炳，但即使如此，他還是升不了官。

蘇炳坤每次談到彭南雄時最常提的兩件事，一是彭南雄打電話到警局罵人，一是他意外被捕之後彭南雄去探望他，還帶了好大的蘋果給他。

「那天蘇炳坤非常慌張打電話給我，說他被警察捉到了。我馬上開車從桃園趕過去，人才到新竹，蘇太太跟我說，他被解送到新竹少年監獄了，所以沒見到面。說實在的，就算見到面，我也無能為力，感到很痛苦，就拿了一點錢給蘇太太，我想既然無法在司法上盡力，只能在經濟上略伸援手。後來我陸續到監獄探視過他，私下也請獄方善待他。」

然後彭南雄主動提起楊錦同，蘇炳坤的義父。那時只要有時間，他都會主動跟在地檢署門口抗議的楊錦同聊聊，安撫他的情緒。沒想到蘇炳坤入獄，讓楊錦同悲憤到選擇自殺，這讓彭南雄感到不捨極了。「他留了一張字條給我，說『來世再見』……你們相信有人會為了別人的清白做到死諫的地步嗎？」他說罷，輕喟一聲。

彭南雄說他什麼都不怕，就怕看到人家冤枉，有苦無處說。「我上課常跟學生說，你把自己關在牢裡看看，或是在房間裡被反鎖，我們能忍受這樣的苦嗎？正常人哪有辦法忍受這種苦？何況是受冤的人？他被捉那天打電話給我，我從桃園地檢署開車去看他，沒見到他的人，我愛莫能助，很想哭……當一個人受到冤枉的時候，他來求你，面對人家對你的信任，你沒有辦法幫他……」說著說著，他低聲啜泣起來。

「我曾經想過，這個案子我沒有幫上忙……唉，搞不好還幫了倒忙。」

「怎麼會？蘇大哥常說你是他的大恩人啊！」我不解問道。

「因為我人緣不好……後來想想，也沒什麼好想的，反正我盡力了。」

林家琛有篇新聞這麼描述彭南雄的心情：

> 聲請再審、上訴一次又一次被駁回，彭南雄對此不願多說，這幾年來，每隔一陣子，蘇炳坤就會打電話向他訴苦，甚至表示不想活了，他只能極力安慰對方，直到離開新竹地檢署，他因不在其位，也無法替蘇炳坤出力了……身在司法界，彭南雄做事刻意保持低調，上週六蘇炳坤因通緝被捕後，下午他到新竹探視蘇炳坤的家屬，並給家屬一萬元致意。他隻身前往，希望不讓媒體知道，但後來消息還是曝了光。朋友開他玩笑，問他是不是想選立委而打知名度？令他相當困擾。[10]

每個人都有被排除在圈外的恐懼，誰不想成為圈內人呢？這種來自同儕的壓力，很容易讓人為了被接納，進入核心，否定了個人的自主性與判斷力。身處體制內多年，彭南雄不是不懂堅持己見所帶來的負面影響，特別是那種高壓的沉默，真的很刺人。然而陳色嬌給他的四大冊卷證備份，跟著他一路從新竹調至桃園，又從桃園調到臺灣高等法院高雄分院檢察署，怎麼樣也捨不得丟，只盼有一天能派上用場。直到他調回臺灣高等法院檢察署，得知台灣冤獄平反協會準備替蘇炳坤翻案卻遲遲調不到卷，立刻將這批影印的卷證交給平冤會，讓它們有了最終、也最好的歸宿。

蘇炳坤案宣告無罪之後，義務律師團召集人尤伯祥特別提到彭南雄：

「如果不是彭南雄檢察官，當初在確定之後，願意做進一步的重啟偵查，這個案件沒辦法這樣峰迴路轉、有這麼堅實的再審基礎。」尤伯祥強調，彭南雄當時所處的年代，司法界氛圍保守封閉、官官相護，願意本於良心救冤非常不容易，「希望我們國家其他的檢察官能夠像彭南雄檢察官一樣。只要多一些彭南雄檢察官，就能夠多一些平反冤獄。因為大家都知道在那個時代，刑求遍地、冤獄也遍地，待救援的人非常多。我們需要多一點像彭南雄檢察官的人。」[11]

高院准許蘇炳坤案開啟再審那日，蘇炳坤心心念念的大恩人彭南雄也來了。他們

10〈蘇炳坤案　檢察長指示調卷詳查〉，林家琛、林文義，《聯合報》，一九九七年六月八日。

11〈蒙冤32年再審終無罪　蘇炳坤高興不起來〉，吳東牧，公視議題新聞中心，二〇一八，https://pnn.pts.org.tw/project/inpage/1100/28/56。

雙雙站在法院外面，彭南雄手指天空，告訴蘇炳坤說：「青天在上面。」

他說對了。

四、困境與希望

逃

明明沒做的事卻被判有罪，這讓蘇炳坤感到不甘心極了。他透過律師提出上訴，但是被駁回了。原來我們的司法系統出錯是多麼地尋常，這讓他感到心寒。他四處請教該怎麼辦，每個人都告訴他，都三審定讞了，不可能翻案了啦；何況你既沒錢，又沒勢，我看，還是乖乖去坐牢吧。

他以為做人清清白白最重要，如今莫名其妙被人當作強盜犯判刑，他當然覺得很冤枉。眼看著入監服刑的日子漸漸逼近，他實在是心有未甘，幾經思索，決定用逃亡表達對判決不公的反抗。

或許有人會問，如果沒有犯罪，為什麼要逃？好像逃亡是屬於犯罪者的專利，所以才會「畏罪潛逃」。我聽冤案平反者陳龍綺[1]說過，當初他之所以決定逃亡，是司法有誤在先，他不過是「執行司法不服從的基本人權」罷了。他說，他不是鼓勵被告逃亡，而是如果真是犯人，就算逃得再久也無法得到平反；若不是司法錯判，誰無聊到好好日子不過，每天提心吊膽地跟國家玩官兵捉強盜？回想龍綺的例子，我想蘇大哥的心情多少也是如此，難怪我問起他當時為什麼打算逃亡，他的回答簡單扼要：「我毋甘願啦！」

說是「逃亡」，其實他多半都待在家裡，警方也睜一隻眼，閉一隻眼，就算偶爾跑來「騷擾」一下，過一陣子就沒了興致。因為「許多警界人士都認為，蘇炳坤被冤屈的成分非常大，因此對於緝捕他歸案，不若緝捕其他罪大惡極的罪犯那麼樣的積極……如果事後證明蘇炳坤確實是被人誣栽的，而警方並未將他緝捕歸案，至少，可以為國家節省相當可觀的冤獄賠償費用」。[2]

一九八七年七月十五日，戒嚴解除，人民權利意識逐漸興起，環保、婦運、學運、原住民、老兵……爭先自力救濟，驅散了昔日的恐懼悲情，這讓每天人坐在家裡、腦子卻沒閒著的蘇炳坤有了靈感。既然體制內每條路都走不通，整個社會又呈現生猛有力的態勢，他打算仿效遍地蜂起的自力救濟模式，從體制外找尋替自己平反的可能。

這個階段，關心政治成為他人生裡重要的大事。他每天至少看三份報紙，詳讀司法相關新聞。他成天坐在客廳盯著電視，仔細研判政治人物的言行，再打電話或寫信說明自己的冤屈，檢察系統、法務系統、立法委員、監察委員，所有他想得到的單位、看起來有擔當的人，全都說了，他以為就算是路人，也有可能變成貴人。

不過，他碰的釘子可多了，硬的軟的都有。他打電話給司法部長林洋港，電話轉接又轉接，終於接進部長辦公室，卻始終沒人接聽。讓他印象最深的，當屬某監察委員了，他向對方求助，話都還沒說完，對方挑明了表示，如果我幫你的話，你要「捐」多少錢給我？這樣的態度，讓他憤怒地幾乎要發狂……

那陣子他以為這個世界已經沒辦法確認誰是敵人，誰是同志，更沒有信賴的人可以吐露真相了。但是過了一陣子，他還是打起精神繼續拚鬥，有如力戰風車的唐吉訶

1 二〇〇九年陳龍綺被法官誤判性侵女性展開逃亡，直到透過平冤會的協助，向臺中高分院聲請再審才改判無罪。

2〈要留清白在人間〉，許文堂，《中國時報》，一九九五年九月八日。

德。他很清楚，要打破外界的沉默，除非有人願意摘下矯情的面具，否則沒有人願意開第一槍，他只能一試再試，死馬當活馬醫。

就在他展開自救行動多年，不知道打了幾百通電話，寄了幾百封陳情書之後，終於有人積極回應他的懇求了，那就是法務部次長翟宗泉。

翟宗泉以強勢的辦案作風及直言不諱的個性，深得民眾信賴。早年有某推事為了友人官司前往地院「拜訪」承審推事，翟宗泉獲悉之後，一狀告到司法行政部，足見他不畏權勢的一面。他行事風格雷厲風行，也有顆菩薩心腸，屢屢替含冤被告提起再審，洗刷當事人的冤屈，其中最有名的就是一起竊盜犯冤案，後來還被王重光導演拍成電影《我的爸爸不是賊》。[3]

八〇年代他接受媒體專訪時，直指司法改革效果不彰的原因：

第一、司法風氣問題。長久以來社會不滿司法風氣、輿論不滿司法風氣，甚至司法官本身都不滿司法風氣。這些不滿移情到吳蘇案上，許多人對高新武喝采，是因為他辦這個案子等於在辦司法風氣。

第二，司法人事問題。司法界人事升遷、調動始終沒有客觀具體的標準，某些貪贓枉法的人照樣可以升官；安分守己、有理想的司法官卻不受重視，影響司法官的士氣。

第三，司法教育問題。目前我們的司法教育仍停留在法條教育、法律文字教育，缺乏法律哲學、法治倫理、法律歷史學等教育，說得不好聽一點是「紹興師爺的教育」。某些司法官顯得「有才無識、有膽無量」，就是因為對現代民主法治的基本素養不夠。[4]

面對問題，可以選擇講話，然後不得罪人，也可以選擇講話，然後得罪一堆人。像翟宗泉這樣直指核心、毫不避諱的人終究是少數，這樣的態度，為他搏得「司法藍波」、「翟青天」等雅號。

久仰「翟青天」大名的蘇炳坤打電話到法務部給翟宗泉，盡力說明案情始末。翟宗泉看了他寄去的資料，又親自履勘金瑞珍銀樓現場，發現案子確實疑點很多，決心

3 一九八七年出品的電影，由王重光導演，陳秋燕、卓勝利及石峰主演。

4 〈司法藍波評司法藍波〉，符芝瑛，《遠見雜誌》，一九八九年四月十五日。見 https://www.gvm.com.tw/article/1272。

替他平反。天可憐見，終於有人聽到他的冤屈了！激動的蘇炳坤很想親自向他道謝，翟宗泉阻止說，你是通緝犯，如果你出現在我面前，我會依法逮捕！這種公私分明的態度，讓蘇炳坤心服口服。

翟宗泉將案子發交高檢署研究是否再審，總算開啟了司法救濟的第一步，高檢署為了查明真相，又發交新竹地檢署重新查案。主任檢察官陳文昌覺得案情有疑，提出非常上訴意見書，沒有結果。陳文昌調離新竹後由彭南雄接續辦案，亦數次提出非常上訴及再審意見書，同樣還是全軍覆沒。司法救濟經常是這樣，提再審，得到的回應總是說，這是屬於法官自由心證的裁量範圍；提非常上訴，得到的答案則是「程序沒有錯誤」，這樣的說法讓人辯無可辯，只能接受。

蘇炳坤沒有放棄，依舊四處陳情，並曾多次向法務部長馬英九喊冤。第一次是在《聯合報》記者林家琛的安排下，趁著部長巡視新竹少年監獄時，透過妻子陳色嬌出面喊冤。馬部長問她，你有什麼要求？陳色嬌說，我不敢有什麼要求，只有請求，並將一大包牛皮紙袋的資料交給他。第二次是透過立委謝啟大的安排，陳色嬌與楊錦同一起面見馬部長，部長表示他相信蘇炳坤的清白，但要撤銷通緝，恐怕有困難。第三次是陳色嬌直接跑到部長辦公室去陳情，心焦如焚的蘇炳坤不顧自身安危，站在法務部門口等待回音……

漸漸的，外界有愈來愈多人注意到蘇案，尤其起訴蘇炳坤的新竹地檢署多次聲請檢察總長提起非常上訴，更是引人注意。新竹地檢署檢察長謝文定甚至公開表示，既然蘇案的金飾不是金瑞珍銀樓的贓物，蘇炳坤涉案的可能性就值得再調查，他說：「一再呼冤的蘇炳坤涉嫌強盜殺人案，會出現今天這種結果，而且，會引起那麼多人的關心，足見我國的司法運作十分健全，對人權的保障也是非常完備的。」[5]這樣的說法，就今天的眼光來看或許略嫌保守，但至少證明了體制內仍出現了反省的力量。

檢察總長、法務部長、立法委員與監察委員相繼表態相信蘇炳坤的無辜，但不論他們多麼想為蘇炳坤平反，永遠都被公文裡「駁回」、「不受理」、「歉難辦理」、「顯無理由」這樣的字眼給回絕了。這讓一路相挺的檢察總長陳涵無奈表示：「我對蘇炳坤已經仁至義盡了。我本人相信蘇炳坤極可能受到冤枉，也認為確定判決有違背法令之處，但法院就是不採信非常上訴與過去聲請再審的理由，有心平反，也無能為力。」[6]

5〈謝文定：蘇炳坤聲請再審案是尊重人權作法〉，黃錦嵐，《中國時報》，一九九五年九月八日。
6〈聲請再審　蘇炳坤不准〉，陳永富，《聯合報》，一九九四年四月十日。

法院不採信聲請再審與非常上訴的理由，固然有其事實認定（例如司法實務界面對再審幾乎都不調查證據）與程序方面的堅持，然而蘇案發生的時空背景，也相當程度影響了平反的難度。

首先，蘇案發生時（一九八六年），法律尚未規定警詢必須全程錄音，蘇炳坤與郭中雄被刑求的過程沒有影音紀錄，事後亦很難證實發生過什麼。一直要到一九九八年《刑事訴訟法》第一〇〇之一條修正：「訊問被告，應全程連續錄音；必要時，並應全程連續錄影。但有急迫情況且經記明筆錄者，不在此限。」此後刑求的狀況雖未絕跡，但已減少許多。

其次，蘇炳坤被判有罪關鍵在於郭中雄的自白，這幾乎是蘇炳坤被定罪的唯一證據，也一直是刑事案件賴以定罪的重要條件。直到二〇〇三年《刑事訴訟法》修正第一五六條第二項：「被告**或共犯**之自白，不得作為有罪判決之唯一證據，仍應調查其他必要之證據，以察其是否與事實相符。」也就是說，法院應先調查其他證據，再來考慮自白的可信度，才大幅修正了長期以來過於重視自白的情形。

各界人士陸續出面力挺，讓其他涉案人士也有話要說。負責製作筆錄的員警許軍去便指出：

蘇炳坤自始至終都沒有承認涉案，並供稱是郭中雄狹怨誣栽，我在製作筆錄的時候，也全照他所說的內容填寫。至於為何會將蘇炳坤與郭中雄一併移送，是因為涉案有兩個歹徒。被捕的郭中雄部分物證充足，他又緊咬著蘇炳坤不放，究竟蘇炳坤有沒有涉案，我們無從查證，只有勞駕檢察官與法官去調查清楚。7

明明是苦主，卻被彭南雄依詐欺罪起訴的陳榮輝則是憤怒表示：

我詐騙了誰的東西？警察把他們搜到的金飾放到我店裡的櫃檯上，掉頭就走，當時我因生意正忙，沒暇理會，後來，法院傳我出庭，我向法官表示，金飾不是我的，沒想到，竟然會因此吃上官司。事情隔了將近十年，一切都已淡忘，我已經記不清楚有沒有這件事情……一切的調查、審判都是警察、檢察官、法官在做。後來，為什麼我會由被害人變成被告，我莫明其妙！……這件案子雖然發生將近十年，但我心中的夢魘至今揮之不去。就在人們對於這件事情幾乎已經淡忘的此刻又舊事重

7〈許軍去：蘇炳坤始終未承認涉案〉，許文堂，《中國時報》，一九九五年九月八日。

> 提，而我這個被害人反而成了有罪的被告，不知情的人，還以為我真的那麼貪心，侵占別人的金飾。一向奉公守法的我，真是一世英名，毀於一旦！[8]

蘇炳坤四處喊冤，尋求協助的對象包括關切人民權利的台灣人權促進會（台權會）。他們看了蘇炳坤的資料，有感於他的際遇與其他涉及刑求案件十分類似，特別舉辦記者會：

> 這項記者會……共有蘇建和等五件涉及刑求事件的家屬，在記者會中陳述自己親人受害經過。自稱仍被通緝的蘇炳坤帶了一個紙製的假面具，準備戴上假面具出席記者會，但備而未用。蘇炳坤指出，他「冒險」參加記者會，希望透過媒體讓社會大眾瞭解事件真相。
>
> 蘇炳坤說，金瑞珍銀樓遭搶劫時，他有不在場證明，卻遭員警灌水及毆打，脅迫自白犯罪，他堅決抗拒這種不人道待遇，警員就自己製作內容不實的筆錄，使他蒙受不白之冤，脊椎也受傷至今未癒。事件進入司法程序，一審法院判他無罪，二審及三審則判決他有期徒刑十五年，案件確定後三度聲請再審，檢察總長也三度提起

非常上訴，都被駁回。

台灣人權促進會指出，不斷發生刑求事件，使每一國民的基本權利受到重大威脅，基於人道的立場，臺權會建議有關單位應全面檢討警方績效掛帥的制度，落實刑事訴訟偵查由檢察官主導的制度，嚴格追究涉及刑求者的責任，以及加強警察法治教育。[9]

台權會的說法叮得警界灰頭土臉，顏面無光，迫使警政署發布新聞稿反駁：「警察機關偵辦各類案件，絕對禁止員警以刑求或不人道手法取得口供並製作筆錄，警方相當重視嫌疑人的基本人權，凡是有任何投訴遭到刑求或不正當途徑取得筆錄的指證，警方都會依法調查，查獲實據時一定會將涉案員警移送法辦。」

事實被冠冕堂皇的話術給噤聲和遮蔽，這讓蘇炳坤感到既憤怒又悲痛，雖然他的憤怒和悲痛，或許在別人眼中一錢不值。

蘇炳坤看似鬥志十足，可是許多亂七八糟的念頭天天朝心裡湧去，愈陷愈深。他

8〈被害打成被告，說來話長〉，許文堂，《中國時報》，一九九五年九月八日。
9〈逃亡多年蘇炳坤　現身說不法〉，陳嘉寧，《聯合報》，一九九六年四月三日。

有時會變得無精打采的，做什麼都提不起勁，偶爾平反露出轉機時有一陣興奮，但隨著救濟管道一再被打回票，那樣的興奮感很快就過去了。

一日他坐在家裡，覺得人生被欺負到這種地步實在是心有未甘，忍不住撥電話給起訴他的檢察官林恩山說：「我打電話給你沒有惡意，希望你以後起訴人家要查明真相，不要冤枉好人。」對方淡淡地說：「我知道你是無辜的，可是我已經沒有辦法了。」什麼叫沒有辦法？蘇炳坤覺得這種話從他口裡說出來，簡直是莫名其妙。他打電話給二審法官常尚信抱怨說：「我被你害得四處逃亡，希望你以後判案要好好查明，不要再傷及無辜。」對方不發一語，直到蘇炳坤自覺無趣，才怏怏掛上電話。

躲藏在家裡的日子，蘇炳坤總是縮頭縮腦，小心翼翼，好幾次聽見有人敲門，心臟就像是停了一樣，擔心警方找到他緝捕到案。他整天提心吊膽，總覺得警察在暗中監視他，偷聽他的電話，等著他採取行動，腦子裡轉來轉去都是這樣的念頭。

等著被逮捕，有時比真正被逮到更磨人。一日夜裡傳來急促的敲門聲，他想都沒想就從窗戶往外跳，躲到賣米粉的鄰居家暫避風頭。有位老先生靜靜坐在旁邊，聽他訴說一路遭受的冤屈，感慨說道：「啊！你是冤枉的……我來幫你！」後來老先生經常到蘇家，耐心聽他傾吐心聲，共謀解決之道。在人生的坑洞裡跌跌撞撞的時候，蘇炳坤終於遇上可以信賴的人了，他就是蘇炳坤的義父楊錦同。

一個接近中秋時分的上午，陳色嬌出門買菜，蘇炳坤聽見有人按門鈴，一時大意應了門，醉醺醺的警察說，查戶口。他立刻衝到樓上跟小女兒阿如說，查戶口的，並對她擠擠眼。機警的阿如下樓開門，警察問她，剛才應門的是誰？是不是你爸爸？阿如若無其事地說，不是啊，我爸不在家。過沒幾天，那警察又來了，直接入內想要逮人，幸好蘇炳坤不在家，僥倖逃過一劫。陳色嬌擔心這樣的狀況沒完沒了，硬著頭皮向彭南雄求助，彭南雄當場撥電話到派出所說：「你們是沒人可捉了，一定要捉蘇炳坤嗎？他現在就在我宿舍，你們要抓，來啊！」事隔多年，蘇炳坤不無得意地告訴我，後來那名警察買了冰淇淋月餅送到他家表達歉意，冤案的荒唐，真是莫過於此。

被冤枉的委屈，蘇炳坤勉強可以忍受，至少，他對未來仍抱持一線希望。最難以承受的是逃亡期間父親過世，他無法公開服孝送終，就連出殯當天都無法陪父親走完最後一程，只能偷偷送到巷子口暗自啜泣。

所謂「冤案」兩個字，冤的不只是一個人，而是一整個家。事發之後，耳語四處亂竄，蘇家四個孩子在學校多少受到異樣的眼光。陳色嬌告訴別人，炳坤沒有做，他真的沒有，我相信他！有人聽了搖搖頭，再也沒連絡，也有人聽了解釋，掛胸脯保證相信蘇炳坤無辜，至於是不是真的相信，她不知道，也沒力氣追究。

被人冤枉已經夠糟的了，更糟的是，蘇炳坤擁有十多名工人的高檔家具行被迫關門大吉，數百萬的家產、支票信用，全沒了，陳色嬌只得去電子工廠做女工，以微薄的薪水獨撐家計。那樣看不到未來的處境，若是換作其他女人的話，恐怕早就一走了之了，但是陳色嬌沒有這麼做，她大概是全世界對蘇炳坤的清白最有信心的人了。金瑞珍銀樓事發當晚，丈夫就睡在她旁邊，說他去搶銀樓？她當然不信。

對陳色嬌來說，那真是一段漫長的路，就像她每日上班的路線。一早上班之前，她照例先到竹蓮寺拜拜，再繞到城隍爺，最後到地藏王菩薩，向諸神明祈願：「如果炳坤有做，就讓他判死算了，可是他沒有做，請你查明真相；至於那些對他用刑的人，我們跟他們無冤無仇，求神明給他們責備。」她將所有說不出口的心事說給神明聽，邊說邊哭，說完了，心裡踏實些了，把眼淚抹乾，再騎車去上班。

結婚那麼多年，陳色嬌原以為早摸熟丈夫的脾氣，直到出事以後才發現，她錯了。蘇炳坤有時會很緊張，有時會坐著悶不吭聲，連著好久都不說話，緊接著大發議論。他有時會很退縮，很消沉，連生幾天悶氣，不知道在氣什麼，尤其提起以前的事業就很洩氣，不提最好，一提就滿腹牢騷。每個人都是在不可承受的壓力之下，試圖尋找情緒的出口，蘇炳坤心情不好就猛灌酒，發脾氣，陳色嬌擔心丈夫一蹶不振，只能用眼角悄悄打量神色，見他總是一臉陰沉，不免在心裡長長地嘆氣。

逃亡不只是對意志的侵襲，更是對肉身與安全感的極端破壞。逃了十年，就像一百年一樣漫長。蘇炳坤一點都不想逃，可是他深知逃亡被逮捕的後果，就是穿牢服，上手銬，光是想到那個畫面，他就受不了。要他心甘情願進去關？他做不到。

對於一個終日活在恐懼之中，僅憑著一己之力想要與國家抗衡的人，冤屈已帶來太多生命的缺憾，那些沉痛，將永遠難以彌補。

厄運

逃亡的日子很平淡，也很苦悶。每天早上用過早餐，陳色嬌上班，孩子上學，蘇炳坤把碗筷收拾好，接著掃地，拖地，把家裡全部清過一遍。他不是特別愛乾淨的人，可是他必須做點什麼，才能忘記擔心受怕的感覺，否則每天困獸似地窩在家裡胡思亂想，簡直快瘋了。

他決定試著做點小生意，貼補家用。他打電話到農會去問說，你們哪種茶葉賣得比較好？再自己進貨透過郵寄等方式轉賣出去，全程不用親自露面，買家用不著見他，也不知道他是誰，竟也慢慢做出一點成績，讓他對自己做生意的本事又多了點信心。

可是，該來的，終究還是來了。

幽閉的日子，除了自由，最渴望的是陽光，而陽光是偶爾溜出去時才享受得到的奢侈。沒日沒夜的躲藏，他得了乾癬症，必須按時到醫院拿藥。那天他獨自坐國光號北上看病，被刑事警察局偵二隊幹員在林口長庚醫院當場逮捕。早上亮晃晃的陽光忽然不見了，一抹灰藍的天突然黯淡下來，頓時大雨驟降，隔著看守所的玻璃望出去，只有一大片光禿禿的灰色。他心亂如麻地想來想去，覺得只能向彭南雄求救了。調至桃園地檢署的彭南雄立刻開車趕過去，只可惜晚了一步，他已經被押解到新竹地檢署，兩人沒見到面。後來彭南雄陸續去獄中探望他，送錢送水果，還去佛寺為他祈福，這樣的恩情，他從來沒有忘記，逢人總是說了又說。

聽說蘇炳坤被捕，林家琛也趕去看他。蘇炳坤哭著問他，現在怎麼辦？林家琛左思右想，決定以專訪讓蘇炳坤傾吐心聲，他以為自己能做的，也只有這樣了：

相信天理昭昭、冤屈終必平反的蘇炳坤，昨天被捕了。他淚流滿面地說：「我的事業毀了，健康沒了，子女輟學、妻子從老闆娘變成女工，我沒犯法卻要我坐牢，上蒼啊！我上輩子究竟造了什麼孽？」

蘇案從八十一年間開始企圖翻案五年來，新竹已有十多名為蘇炳坤案閱過卷的檢察官、法官公開表示「相信蘇炳坤被冤枉」。但是，在逃亡三千多個日子後，蘇炳坤昨天仍然被捕。身材高大的他，看到記者出現在眼前，淚水一落，雙膝跪下，喊了一聲：「天吶！我的冤屈難雪了。」在場的法界人士都為之動容。

記者在相關人士的安排下，昨天與蘇炳坤單獨會面。他難掩悲憤，覺得世間事太不公平，「為什麼白曉燕案的凶手到現在仍逍遙法外，沒罪的我，卻要被冤枉，世間還有天理與公平嗎？」以下是蘇炳坤接受記者訪問的摘要。

記者問：郭中雄當初為什麼要入你於罪？

蘇炳坤答：我是新竹市帝王家具公司的老闆，我做高級家具，郭中雄是我的油漆工，因為郭拿走公司的材料，我扣他一萬元工資，兩人為此打了一架。郭中雄後來情場失意，不想活了，剛好竊案被捕，他連金瑞珍銀樓強盜案都扛了下來，警方逼問同夥是誰，郭中雄就咬我。當天晚上，郭中雄被送到新竹看守所，就向管理員及同房人犯說，蘇炳坤是被冤枉的，這件事有人證，所以我當時被送進看守所時，管理員相信我被冤枉，我不吃不喝，他們都過來勸我，對我很好。

問：高新武曾經押你，但為什麼最後積極替你平反？

答：高新武押我時是內勤檢察官，做執行檢察官時，我已被判有罪確定，我的家人向他陳情，他閱卷詳查來龍去脈，不但多次允許我延期執行，還告訴我的家人說，現在只能逃，一面逃，一面提非常上訴平反。

問：逃亡多年，你對世間事有何看法？

答：我本來是家具行老闆，有數百萬元資產；逃亡後，支票退票，公司倒了。太太到電子工廠做女工，撫養一男三女，兒子國中沒讀完，就休學工作幫忙家計，女兒高中也沒畢業。前年我父親過世，我因為被通緝，不能送他老人家走完人生最後一程，大大不孝，這是人生至恨（此時泣不成聲）。

問：你恨司法嗎？

答：遭受這種家破人亡的冤枉，誰能不恨，但是官司打到後來，我不再恨人，只想冤屈平反，重見天日，能與妻兒子女，攜手並肩走在馬路上。但半夜醒來，畢竟我不是聖人，內心既恨又苦，有時會問天：為什麼被冤枉的人是我。

問：逃亡期間，你感受過社會或司法的溫情嗎？

答：翟宗泉、趙昌平、彭南雄、陳涵等司法界高官名人，甚至法務部長馬英九，都曾在電話中告訴我，他們相信我是冤枉的。監委翟宗泉還在電話中告訴我，他一定會依法替我平反，但如果我出面見他，他也要依法逮捕我。彭南雄主任檢察官今天還到我家，送一萬元給我太太，我們雖窮，怎能收下恩情人的錢。還有我國小的老師孫老師，在我逃亡時間，常要我太太去領地藏王（廟）的救濟米，讓我終身難忘。

問：逃亡時間你都躲在那裡？

答：我都躲在家裡，因很少曬太陽，皮膚會癢，而且身體也變壞了，我就是因為皮膚病去長庚醫院看病拿藥才被捕。

問：你對平反還抱著希望嗎？

答：人不是神，我會原諒刑求的警察，誤判的法官，但終此一生，我一定要證明我所受的是一件冤案，希望高院與最高法院的法官大人們，請你們仔細地看卷，看看冤枉人究竟帶給人家什麼痛苦，希望我們的司法，今後不再讓人一世含冤含恨。[10]

蘇炳坤意外被捕，心焦如焚的陳色嬌無頭蒼蠅似地四處求救，其中包括了恩人翟宗泉。轉任監委的翟宗泉要她轉告蘇炳坤，這案子他一定會認真處理，請再給他一點時間。陳色嬌與楊錦同連袂拜會新竹地檢署檢察長陳聰明，陳聰明指示主任檢察官林永義[11]閱卷，要求詳查是否有什麼有利線索，再決定循再審或非常上訴替他平反。

向來關心蘇案的謝啟大特地跑去探監，蘇炳坤一見到她即雙膝跪地，聲淚俱下地求她幫忙。謝啟大告訴他，我確信你是清白的，也一定會竭盡所能地為你爭取平反機會，但是此刻你一定要忍耐，要勇敢地活下去，讓事實真相水落石出；至於現在，就把它當作人生一場苦難，當苦難來臨的時候，也就是轉機到來的時刻。

這樣的道理，蘇炳坤豈會不懂，可是要他心平氣和地服刑，他真的沒辦法。謝啟大接受媒體採訪時，道盡對既有平反機制的無奈：

警方在績效掛帥之下，刑求逼供習以為常，製造了無數的冤屈……她確信蘇炳坤是冤枉的，而今天會造成這種局面，是因為我國司法制度為冤屈被告平反的處理過程出了問題，要推翻原有判決，必須要「發現新事實」，而且必須要是「舊事實，新發現」，發現新事實，依然翻不了案。她強烈認為，只要有確切證據，就應該可以翻案……如此僵化的制度，不知製造了多少委屈與冤案？[12]

入獄頭幾天，蘇炳坤不太講話，低落的情緒維持了好一陣子，滿心都是恐懼，害怕自己再也見不到家人，害怕自己撐不過去。獄方知道他的冤屈，不讓他勞動，不用穿囚衣，甚至不用理平頭，他才知道這裡不是每個人都沒人性，人人殘酷。戒護科長鄭秉先對他特別好，才入獄便告訴他：「你放心，我會把你當作無罪之人對待，外面已經有很多人在幫你了，你自己心情要放乎開。」典獄長也特別通融陳色嬌除了一般性接見，還可以辦理特見，讓夫妻倆可以面對面探視。還有身上刺龍刺鳳的獄友昭告眾人：「這個人是冤枉的，如果你們敢對他怎麼樣，就要你們好看！」

獄中生活千篇一律，百無聊賴的苦悶席捲而來，他無事可做，心情跌落至谷底。義父楊錦同自殺的消息，典獄長不敢讓他知道，就連陳色嬌探訪時也三緘其口，直到事情過了好久，他輾轉得知惡耗，痛苦到幾乎快要崩潰。楊錦同的遺言寫著：「無罪

10〈蘇炳坤問天：為什麼被冤枉的人是我？〉，林家琛，《聯合報》，一九九七年六月八日。
11 林永義後來是二〇一八年蘇案再審時的檢察官。見第六章，頁一六〇。
12〈謝啟大決為蘇炳坤爭取平反〉，邱國堂，《聯合報》，一九九七年六月十三日。

的罪人楊錦同只有一死權利，以推動司法改革，以救法、救世、救人、救苦、救難、救國、救民、救臺灣……我的死體就火化散在臺灣國土，不許我的家人領去哭拜……」每次想到義父為了自己而死，蘇炳坤就憂傷爆發，有如波濤洶湧硬向心裡壓縮，經常頭重胸悶，喘不過氣來。

枯燥沉悶的獄中生活，那種痛苦與孤絕，是外界無法想像與忍受的。陳色嬌經常去看他，給他送點食物日用品，只是會客時間有限，就算有再多的話想說，終究必須道別，讓她既傷心，又傷神。她答應蘇炳坤會勤寫信，多會面，每次離開時都覺得雙膝發軟，累得快癱掉。但她告訴自己，再苦再累都不能放棄，就擔心只要一鬆手，整個家就瓦解了。

陳色嬌除了上班，還得照顧四個孩子，三不五時請假跑法院跑立法院跑監察院，到了週末坐統聯北上四處送陳情書，原本就瘦弱矮小的身子變得更消瘦了。為了讓蘇炳坤沒有後顧之憂，她總是強掙出笑容，卻不知憂鬱症悄悄找上門，心上像壓了塊大石，沉甸甸的。醫師開抗憂鬱劑給她，她吃了昏昏沉沉，無法工作，就沒吃了，成天渾渾噩噩，不知今夕是何夕。

太多工作，太多壓力，陳色嬌很拚，卻不知道累，總是勉強自己撐住，再撐住。

一日她在工廠突然感到頭痛欲裂，眼淚怎麼樣也流不止，主管問她，你怎麼了？她說，我不知道，我想回家，便逃也似地離開工廠。她想起四個稚齡的兒女，那個年紀，還分不清楚有罪與無辜的差別，爸爸被抓了，要如何讓孩子相信他的無辜？一連串心事突如其來地湧上，眼淚撲簌簌跟著掉下來，又怕孩子發現她哭紅的雙眼，只得關了電燈摸黑燒飯。幸好，孩子沒有發現，只是至今提起這事，仍舊哽咽難以言語。

某天深夜她躲在房間，覺得前景黯淡，完全不知所措，打電話給三妹訴說心事。三妹愈想愈不對勁，急急前來敲門探望。睡眼惺忪的小女兒阿如下樓應門，一臉狐疑地說，阿姨，這麼晚了，你怎麼跑來？她說，你媽媽身體不舒服，我來看她。阿如說，媽媽人好好的啊，在樓上睡覺。三妹沒說什麼，逕自走上二樓，只見臥房裡靜寂清冷，連燈都沒有開，陳色嬌窩在角落悶不作聲，直到抬頭看見妹妹，才忍不住抱住她痛哭失聲。

陳色嬌知道蘇炳坤性子急，說話衝，擔心他在獄中被欺負，總是做了一堆好菜送進去，連生魚片都有，除了是讓他打牙祭，也是藉此「敦親睦鄰」，畢竟在獄中隨便什麼事都可以引發糾紛，她想替丈夫打點一下。她把所有最好的食物都給了蘇炳坤，自己與孩子則是隨便吃吃，只要能飽就好。事隔多年，大女兒阿萍告訴她，媽媽，你知不知道為什麼我不吃水果？因為你以前買的水果都是很便宜、爛爛的水果，落粒的龍眼還生蟲，我以為水果就是那麼難吃，就不想吃了。陳色嬌不知該說些什麼才好，伸手一揉眼睛，才發現眼眶裡已蓄滿了淚水。

蘇炳坤外表看似霸氣，內心卻脆弱極了。他在獄中有過自殺的念頭，陳色嬌心裡有數，卻不敢戳破，送飯或探望的時候總是鼓勵他說，有那麼多人在幫你，你一定會平反，我們全家都會等你回來。每週一到週六晚上九點鐘，她準時守候在電話旁，透過廣播CALL IN節目點歌給他聽，例如張秀卿的〈車站〉，就是她常點的曲目，好讓丈夫知道家裡一切安好。

蘇炳坤滿心期待的，除了每晚的點歌時間，還有陳色嬌的家書。每次一聽到有信，臉上的孤寂就一掃而空，立刻拿了信，細心地沿邊撕開，從信封裡抖出信紙來，顧不得坐下，原地站著就讀起來。陳色嬌拙於言詞，信上寫的多半是日常瑣事，淡淡的文字卻充滿用盡力氣的傾訴：「我心裡有時會不平衡，就是我們本來應該是一個完美的家，為什麼我們要分開？為什麼每次我們夫妻見面總是要隔著鐵窗？我恨司法不公不分黑白，害我們家破人散……」她希望丈夫「一定要忍耐」、「心安理得內心無愧」、「不要懷疑我對你的感情」、「我等你回來照顧我，我很想你」……蘇炳坤在「你一定要忍耐」、「我等你回來照顧我，我很想你」底下畫了粗粗的紅線，字跡被淚水渲染開來，一片模糊。偶爾，陳色嬌也會流露俏皮的一面。她寄情人卡給蘇炳坤，正經八百寫著「祝你情人節快樂　身體健康　萬事如意」，只有一次罕見寫道：「過幾天我會寄張老美女的照片給你，想的時候就拿出來看。」捧讀這些信件的幸福滋味，成了蘇炳坤獄中生活難得的快樂時光。

小女兒阿如的家書，也帶給蘇炳坤很大的慰藉。在他「居家逃亡」期間，阿如只是個學步小娃兒，等於是他一手帶大的，父女倆特別親。阿如常用印著小熊、米老鼠、星星、花朵的信紙寫信給他，光是開頭「高高壯壯帥帥的爸爸」、「親愛的英俊的阿爸爸」，甜死人不償命，字字句句更有如淌了蜜：「媽媽剁魚都剁不斷，她說如果是爸爸，就不會剁成這樣了」，「我長針眼弄破了，躲在浴室偷哭，如果爸爸在家就好了」，「你問我有多想你？從腳趾頭到頭髮都在高唱：我想你」，「等你洗清冤枉回來，大家都會黏著你，不會讓你有空」，「我有千里眼，你心情不好，我可是會看到的」，「請用力呼吸這個信紙，因為裡面有我的愛心喔！」

有時阿如也會板起臉來，小小地「訓斥」爸爸：「檢察官說你脾氣不大好，聲音大，所以得罪小人。你心腸好，別人看不出來，如果脾氣能改一下，就是完美的人囉！」「你實在是太不體諒媽媽了，媽媽是報喜不報憂，不是故意擺一張臭臉，世上最關心你的只有媽媽，你是不是該堅強一點呢？」收到這樣的信，蘇炳坤只覺得好氣又好笑，對於寶貝女兒，他完全無招架之力。

慢慢的，蘇炳坤對獄中生活漸漸適應了，只是極度委屈的感受，讓身體與心理狀態持續惡化。他該如何在一連串的不幸之中掙扎與浮沉，不至沒頂呢？

牆外的救援

刑案有時只有破碎零星的證據，如何對待這些證據的態度，成了判決準確與否的關鍵。

就在蘇炳坤被捕入獄隔天，民間司法改革基金會（司改會）公布《蘇炳坤案判決評鑑報告書》，堪稱是案發以來有關案情最完整、最詳盡的調查文件。

一九九五年由一群改革派律師成立的司改會，過去即針對具有指標性意義的蘇建和案做過判決評鑑，督促官方司法改革的步伐。這次他們請蔡墩銘、劉秉鈞教授及詹文凱律師撰寫的蘇炳坤案判決評鑑，全面分析歷次判決及檢方起訴、再審及非常上訴理由，認為院檢認定有罪證據的基礎，包括郭中雄的自白，陳榮輝的指認、贓物的紀錄等很薄弱，而且審判過程對蘇炳坤有利的證據，像是陳榮輝描述的嫌犯特徵與蘇炳坤並不吻合，郭中雄翻供並稱被刑求，以及陳榮輝否認贓物等，都沒有被採信，認為「補強證據不足」、「郭中雄自白之證據能力未能查明」、「推論過程超越現有證據基礎」，違悖常理與法律原則。

這份判決鑑定最值得注意的是，它明確指出執法者忽略「**犯罪動機**」的重要性：

> 所有財產犯罪均包含「不法所有」之意圖，但在此意圖背後，往往藏著種種不同的動機……本案依據二審事實認定之結果，係蘇先生與郭中雄事前共謀，共同至陳榮輝處為強劫之行為。關於郭中雄部分，因其長期無工作，為維持生計，已犯下多起強盜案件，故其為取得財物之動機十分明顯。關於蘇先生部分，其經營木工家具，案發時業務無異樣，又無其他突發之經濟困難，除本案外亦無其他行為可以佐證其亟需錢財之動機，則其為何犯罪，即欠缺明顯之基礎。如果無法說明蘇先生為何會在其正常生活秩序下突然參加一次強劫行為，則不啻表示蘇先生犯罪無動機，如此實難說服一般人……故本案終於事實認定中，因未見對其動機之調查與說明，得到

如此不甚合乎常理之結果。

一個專做高檔家具的成功生意人，為什麼要跟被解僱的工人合夥搶劫？難道是為了錢？蘇炳坤並沒有經濟困難，公司還請了十來個工人，為什麼要賭上性命去搶銀樓？這份評鑑指出法院判決連犯罪動機都不解釋，只是輕描淡寫地帶過，可說直指案件問題核心。

這份判決鑑定亦對法官的自由心證提出質疑。按照《刑事訴訟法》第一五五條第一項規定「證據之證明力，由法院本於確信自由判斷」，如果法官濫用裁量權，或是個人知識、經驗不足及成見，可能會造成誤判。照理說，郭中雄的自白不應該做為有罪判決的唯一條件，加上陳榮輝無法明確指認犯人，也否認贓物是他的，同樣的證據擺在眼前，為什麼一審與二審卻有迥異的結果？評鑑指出：「第一審，第二審各本於經驗法則與論理法則，結論竟有天壤之別，其為法官素養之問題，並非制度缺失。」換言之，法官沒有排除合理懷疑的證據就判有罪，並不是因為法令有什麼缺失，而是法官的自由心證出了問題。

隔年四月，監察委員翟宗泉、陳孟鈴完成蘇案調查報告，同樣指出調查過程諸多疏失，與這些年來律師、檢察官與救援人士提出的疑點不謀而合。這份監察院的報告與民間團體的意見相較起來，顯然更具有高度公信力，況且透過監院調查報告聲請再審或非常上訴的成功率，一般來說也會比較高，因此這份報告的出現，讓蘇炳坤再度對平反燃起了希望。

為了這次調查，監委翟宗泉特地前往監獄約談蘇炳坤，並委託新竹地檢署檢察官查證，指出整起案件是警方刑求郭中雄產生的自白而來，只是警察是否有刑求，雙方始終各說各話。這次經過重新調查，監委發現：

有關蘇炳坤稱被刑警帶至新竹市青草湖派出所詢問一節，為承辦刑警何明萬所否認，刑警許軍去、張瑞雄則稱：不知道或記不起來云云，惟依據蘇炳坤、同案被告郭中雄、證人陳色嬌及證人彭明基之證言，蘇炳坤應有被帶至前開派出所訊問情形。另何明萬、許軍去、張瑞雄均不否認新竹市警局於七十年代承辦重大案件，偶有將人犯帶至非轄區之青草湖派出所訊問之情形，張瑞雄更進一步證稱，青草湖派出所比較偏遠，可避免媒體知道曝光云云。

縱使員警依舊打死不認，至少從他們含糊其詞的回答，以及張瑞雄「青草湖派出所比較偏遠，可避免媒體知道曝光云云」的說法，應可推測帶嫌犯至青草湖派出所是不成文的慣例。否則直接將嫌犯帶至第一分局訊問就好，何需避人耳目帶至青草湖那麼偏僻的地方？這也是案發以來，警方首次說出較為接近事實的供述。

這份報告亦措辭嚴厲地指出，偵訊筆錄內容互相矛盾，違法拘提在程序上有明顯瑕疵，加上從寶興銀樓起出的金飾與金瑞珍銀樓被竊的金飾並不相符，顯見「第一分局偵辦本案搜證過程倉促草率，錯誤百出，顯係由於重大刑案破案壓力，而敷衍結案。原確定判決未能詳細調查證據，僅就警方移送不確實之資料據以判決，自嫌率斷」。

另外，監委委託新竹市地政事務所及林務局農林航空測量所調查，發現郭中雄在第三次自白時說，他與蘇炳坤走到金瑞珍銀樓後面的空房子，爬上金瑞珍銀樓的五樓的說法，事實上根本做不到，「足證郭中雄自白之建物地形與現場建物之實際情形，完全不符……足見當時郭中雄之自白係在特定環境下為應付警方訊問而作」；根據公路局新竹區監理所的調查，郭中雄口中作案的「藍色小貨車」並不存在，而且不只蘇炳坤沒車，就連他兄弟也沒車，但「原確定判決竟謂其自白與事實相符，自嫌草率」。

一股腦的懷疑，往往就是司法冤案的起點。蘇案就是如此，它讓我們看到無辜者如何在狂熱的追查下，輕率地被懷疑的眼光給打到地獄。這份調查報告，總算讓外界更清楚瞭解案件的疑點是什麼了，這讓蘇炳坤感到寬慰。

就在司改會、監察院雙雙出手之際，大家都以為蘇炳坤恢復清白的日子指日可待，沒想到檢察總長盧仁發為蘇案提起第四次非常上訴，竟然又被駁回了。駁回理由簡化成一句話，就是：「如果你沒有做，為什麼別人要咬你？」

監察院洋洋灑灑、異常詳盡的調查報告，提出那麼多無法解釋的疑點，還是挽回不了有疑義的判決。外界常批評監察院「只打蒼蠅，不打老虎」，問題是就算他們打了老虎，老虎卻不痛不癢，又能怎麼辦？就像蘇建和案主要辯護人蘇友辰律師說的：

不管蘇炳坤案、蘇建和案、徐自強案都有一個共同點，那就是監察院秉承伸張正義及保障人權的立場均曾介入調查，並作出震撼人心的調查報告，直指辦案人員違法亂紀，與乎原確定判決認定事實及採用證據違法，並對相關檢警主管單位提案糾正，要求督責改善；而在司法救濟程序上亦均正式備函要求最高法院檢察總長提起非常上訴，結果可能都受限於法律嚴格演繹的結果，致遭最高法院駁回……對此監察院頗感無力可回天，祇能對申訴求助者說抱歉。然而監察院對於調查所得確認警察刑求逼供或檢察官偵查有嚴重疏失，卻祇提案糾正而不祭出彈劾法寶，看來卻也為德不卒。

其實，監察院函請檢察總長提起非常上訴，總長本於毋枉毋縱的立場，大部分均給予應有的尊重，但面對最高法院固守城池（限於法律適用錯誤，而不及事實認定錯誤）有時雖勉強出手，最後效果並不佳，乃眾所周知之事實。特別是，其所提起理由如觸及第一審檢察官偵查採證不周而草率起訴之癥結問題時，亦可能倒打自己人，也會引起下屬檢察官之反彈，甚之譏諷總長充當「被告辯護人」云云，其中之弔詭與立場尷尬，也令總長相當為難，若非有大擔當及魄力者，實難為之。13

蘇炳坤坐在監獄餐廳裡，盯著報紙上被駁回的新聞放聲哭喊，直到被送進醫護室施打鎮定劑，情緒才緩和下來。生命之困難是如此誠實，且在大多時候，它是銳利且傷人的。為了推倒裝聾作啞的司法體制，他每天都在期待跟落空之中掙扎，他好想知道，有沒有可能平反？他該不該相信真相會大白？或者只是徒勞一場？這種沒有明天的日子，他要怎麼撐下去？

眼見蘇炳坤幾近崩潰，陳色嬌硬撐住自己，形單影隻地傾其所有，勇武抗爭。每週末搭乘統聯北上陳情的行程不曾停歇，所有認識或不認識的監委、立委、部長、次長都送上卷證，就算對方表示幫不上忙，只要有任何的回應，她都甘之如飴。她知道，就算只是一句關心的話語，都能帶給獄中的丈夫莫大的鼓舞，她只能一試再試。

蘇炳坤異常消沉時，監察委員江鵬堅在陳色嬌的積極奔走下，親筆寫信給他：

> 對臺端之處境甚為同情，為瞭解本院處理情形，終調閱卷宗詳為查閱，據瞭解該案翟宗泉、陳孟鈴二委員調查後，最高法院檢察署總長提出第四次非常上訴，惜於去年八月被駁回，本院再請清查有無再審事由，最近最高法院檢察署調卷辦理中，但願有好消息，請靜候。

人生最大的安慰就是不論風狂雨驟、不論何時何地，有人知道你，就夠了。收到這封信，蘇炳坤心又安了一些，但淚水卻淹沒了信紙，怎麼樣也止不了。

聲請再審與非常上訴不斷被打回票，讓大夥士氣相當低落，但仍有人與蘇炳坤一

13〈監察院應擁有提起非常上訴之職權〉，蘇友辰，http://lawtw.com/article.php?template=article_content&parent_path=,1,4,&article_category_id=15&job_id=3843&article_id=3806。

樣不肯放棄，他們是前監察委員翟宗泉、立委謝啟大及桃園地檢署主任檢察官彭南雄。他們與司改會共同召開記者會，再度為蘇炳坤喊冤，畢竟司法的潰敗不只是關乎司法，彰顯的是整個體制的問題，並呼籲總統應特赦蘇炳坤，他們以為，這已是沒有辦法中的辦法了。只是社會正義的呼聲，是否抵得過司法機器的運轉？

活在那樣的時代，蘇炳坤有時覺得時代好像是在進步，一切都很有希望，有時又覺得什麼都沒改變，一點希望也沒有。監委調查了，學者出面了，民間團體也發聲了，都不足讓他重獲自由，這讓他感到痛苦。他抬起頭想看看天空，沒想到天空竟然是顫慄的黑色。

五、平冤之路

曙光乍現

從三審定讞到入獄服刑，蘇炳坤從不放棄索求清白，只是為了忠於自己。為了做到忠於自己，他必須抵抗世間無數的眼光與壓力，常覺得整個身體與腦袋好像都困在囚房裡，陰暗、潮溼、冰冷，看不到光線，也掙脫不開。

在獄中的日子，他的健康一點一點剝落，除了刑求時被踢被揍造成的腰痛，視力也變得愈發模糊。有天寫信寫到一半，他左眼突然看不見了，緊急送醫（路人見他戴著手鐐腳銬，不屑地說：「啊，這個一定是壞人！」那樣懷疑的眼光，他一輩子都忘不掉），發現有視網膜剝離的危險，必須立刻住院開刀。所幸開刀以後並無大礙。

儘管動了手術，他的視力總是好好壞壞，並沒有真正痊癒。有人建議說，你可以申請保外就醫啊，他心想，對喔，以前怎麼都沒有想到？便開始著手進行。一日下午四點多監獄正在放飯，衛生科主管跑來跟他說，准了喔。他一時反應不過來，問道，准什麼？對方笑嘻嘻地說，准你保外就醫了啦，還不趕快叫家人來接你！

他又驚又喜地迅速打包，等著陳色嬌來接他。像他這樣涉及重大刑案的犯人，通常保釋金都很高，十萬塊恐怕跑不掉，沒想到他只付了五萬塊就交保了。陳色嬌騎著摩托車來接他，兩人一見面就忍不住相擁而泣。蘇炳坤說，你大概也累了，我載你回去吧！他把行李綁在車後，陳色嬌環著他的腰坐在後頭，一路迎著微風往家的方向駛去。那是夫妻倆十多年來罕見的幸福時光。

一年多過去了，或許是心情放鬆的關係，他眼睛好了許多，可他擔心健康狀況改善了又得入監服刑，與陳色嬌雙雙跪在某醫師面前說，我是冤枉的，請你給我開證明，我才不用進去關，好不好？某醫師面無表情地說，我怎麼知道你是冤枉的？後來經人介紹，輾轉到了竹北某間眼科，醫師說，我有看到新聞，知道你是冤枉的，你要幾張證明，我都開給你！知道有人相信他，蘇炳坤再也撐不住，哭了。

日子就這樣有驚無險地過了一天又一天。

一九九六年，臺灣舉行了歷史上第一次總統直選，這當然是臺灣民主化運動的重要里程碑。但在國家逐漸走出威權、走向民主的過程中，蘇炳坤對既有政權仍充滿疑慮，畢竟他的冤屈發生在國民黨牢牢掌握權力的時代，無論他怎麼陳情喊冤，一點用都沒有，就算臺灣首次有了民選總統李登輝，他仍不太放心。直到二〇〇〇年，代表民進黨參選的陳水扁當選總統，臺灣第一次政黨輪替，他心中暗自許下願望，希望不久的將來，新的政權能夠還他清白。

然後，機會果真來了。媒體盛傳未來法務部長將由立委陳定南接任。對於陳定南的鼎鼎大名，蘇炳坤當然知之甚詳，陳定南在擔任宜蘭縣長的時候，公正的施政風格深受推崇，尤其他僱稽查員全天候取締水泥廠汙染，宜蘭縣空氣汙染因此大幅改善，使得蘭陽平原青天再現，也為他贏得了「青天縣長」的美譽。聽說陳定南即將接掌法務部，蘇炳坤心想機不可失，立刻將資料送到陳定南立委辦公室尋求協助，陳的助理告訴他說，你的案子很冤枉，我們都知道，你放心，委員一定會好好處理。

隔天凌晨一時許，突然響起的電話鈴讓蘇炳坤驚醒過來，他起身接聽，話筒那頭傳來「請問是蘇炳坤先生嗎？」的聲音。他興奮地從床上跳起來，大喊：「啊，你是陳委員！」陳定南問他，你怎麼知道是我？他說，我每天都有看電視啊，聽聲音就知道了。陳定南對於他的冤屈感到遺憾，並問了一些案情細節，蘇炳坤聽得出他滿滿的歉意與熱忱，眼眶不覺一熱。

過了一陣子，監察院再度提出蘇案調查報告，針對法院未能查明郭中雄自白的任意性[1]，陳榮輝指認不夠明確，原本認定的贓物無法做為自白的補強證據等，再次對判決提出質疑。監委廖健男表示，蘇炳坤既沒有自白或承認犯罪，也沒有任何積極證據證明他參與搶劫，最高法院卻依郭中雄刑求後的自白判他有罪，顯然涉有違失。廖委員指出，自白必須要有補強證據，蘇案的補強證據是陳榮輝的指認，但是陳榮輝說歹徒頭戴面罩，看不到長相，描述歹徒的身高和體型又與蘇炳坤不符，被列為贓物的金項鍊和金手鐲也不是他的，這麼多不合理的地方，「最高法院和臺灣高等法院竟然無視於檢察系統循非常上訴和再審途徑為本案平反的努力，反一再以不符法定理由駁回聲請，如此枉顧人權，拒絕更正錯誤判決的心態，令人可議！」

在一個民主社會，透過司法追尋正義，似乎是唯一的手段。可是當司法這條路一直走不通，又該怎麼辦？

上任不久的陳水扁總統為了爭取國際生存空間，符合人權保障的世界潮流，決定援引《赦免法》第六條規定，請法務部與行政院針對拒服兵役的宗教良心犯、工運人士曾茂興公共危險案及蘇炳坤強盜案進行評估，其中蘇炳坤案是唯一不是由總統提出、而是由法務部主動建議的人選。[2]法務部與行政院對特赦蘇炳坤的利弊分析大致如下：

利：蘇案的判決證據確實有爭議，這從聲請四次再審及四次非常上訴即可證明，可見法律救濟途徑已經窮盡。而且監察院的調查意見、民間司法改革基金會及立法委員謝啟大都認為判決有瑕疵，如果特赦的話，應符合社會輿論的期待。

弊：如果特赦的話，將改變司法確定判決的執行力，對司法威信將造成損害，而且對曾經發生爭議的其他判決有罪的案件被告不公，難免會讓人質疑有為個案量身定做、以及赦免不公的嫌疑。

1　根據《刑事訴訟法》第一五六條第一項規定，被告之自白，非出於強暴、脅迫、利誘、詐欺、疲勞訊問、違法羈押或其他不正之方法，且與事實相符者，得為證據。法院採用自白來認定犯罪的前提是，這份自白必須是被告依照他個人意願所提供，這就是自白的任意性。

2　二〇〇六年前法務部長陳定南在參觀檢察世紀文物展時，對展場中有關蘇炳坤等人的特赦案首度透露，當初蘇案是唯一不是總統交辦、而是由法務部建議總統特赦者。見〈陳定南期許司法官『耐得住寂寞』〉，蕭白雪，《聯合報》，二〇〇六年六月二十五日。

綜合利弊得失，法務部與行政院建議陳總統：「蘇炳坤案係一具高度爭議性之案件……惟該案司法體系內之法律救濟程序已窮。為濟司法之窮，並落實新政府重視人權之理念，總統宜依《赦免法》第三條後段規定，免除其刑之執行，並同時依《赦免法》第五條之規定，回復所褫奪之公權……如進一步依《赦免法》第三條後段使其罪刑之宣告為無效，亦無不可。對主刑及褫奪公權尚未執行完畢之蘇炳坤案，如使其罪刑之宣告無效，其效力亦及於從刑之褫奪公權，其褫奪公權之宣告亦為無效，即不必執行，故於特赦後不須再為復權之宣告。」

最後陳水扁總統批示：蘇炳坤案罪刑之宣告為無效。[3]

國家終於正視了蘇炳坤承受的苦難，總算是了結一切的時候了。

二〇〇〇年十二月十日國際人權日，法務部次長謝文定、新竹地檢署檢察長王崇儀、新竹監獄典獄長吳憲璋帶著特赦證明書來到蘇家，直接告訴蘇炳坤說，你被特赦了，現在你可以出國了。蘇炳坤激動地痛哭失聲，年邁的母親亦頻頻拭淚。蘇炳坤請人寫了「水心慈悲愛百姓、扁伸人權最進步、南無千手眼觀世音菩薩」的對聯，請謝文定轉交給陳總統。他發誓要用一輩子的力氣來證明自己清白，他真的做到了。

這次陳總統選擇三件不同類型的案件進行特赦，可說是赦免史上的創舉：黃嘉明等十九人是拒絕服兵役的宗教良心犯，曾茂興是因「聯福製衣公司」擅自關廠，他帶領該公司員工俯臥火車軌道，涉入危害公共安全案件，這兩案都是依《赦免法》第三條前段免除其刑之執行，亦即不論刑期幾年，都不用入獄。但是蘇炳坤情況不太一樣，是依《赦免法》第三條後段使其罪刑宣告無效，除了十五年徒刑全免，而且是有罪變無罪，只是缺一紙無罪判決書。這是國家首度承認這是一起從頭到尾查不清、也判不明的冤案。

總統府與法務部發布新聞稿指出：「總統選在新政府成立後的第一個國際人權日，特赦蘇炳坤等二十一人，具體實踐了新政府對追求人權保障的努力與行動，也揭明政府遵守國際人權宣言、公民與政治權利公約等，並將建構以人權保障為終極目標的法治國原則……總統此次特赦，除彰顯尊重人權，並適當補救司法救濟之窮。」

特赦的意義在於彌補既有司法救濟途徑，矯正判決可能的錯誤，陳總統特赦蘇炳

3 多年後陳水扁在「新勇哥物語」臉書粉絲頁中指出，當年決定無罪特赦蘇炳坤時，相關人士有不同意見，認為總統赦免特權不能變成第四審；何況蘇炳坤案是一般刑事犯罪的社會事件，總統不應介入進行政治處理；如果總統要行使特赦，也不要連「罪」也免除，免除其刑之執行就好。最後他仍決定以無罪特赦蘇炳坤，且罪刑全免。見「新勇哥物語」臉書粉絲頁，二〇一八年八月十日。

坤，無疑將臺灣社會朝向人權推進了一步。特赦蘇炳坤，不只是維持了國家威信，更是伸張了社會正義。一件埋冤多年的案子，終於有了新的結果與氣象。

任何人為的法律制度都可能有缺失，任何生命都不該淪為實驗的祭品。蘇炳坤得到自由或許是晚了點，但總算是等到了。

那一天，他成了全臺灣最勵志的故事。

彌補

一路上有太多貴人相助，蘇炳坤不知該如何表示感激，只能四處送匾額表達謝意，陳定南、馬英九等人都收到他特別訂製的匾額，只是有人謙辭不收，也有人事前找好記者守候大作文章。蘇炳坤以為，政治人物有沒有風骨，是真正為民服務？還是作秀表演？從這點小事就可以看得出來。

只是重獲自由的他，心裡的傷口並沒有被撫平，尤其義父楊錦同的死，更是他最深的痛。獲得特赦以後，他在妻子、義母及彭南雄陪同下，前往楊錦同靈前祭拜。他顫抖著打開特赦令，噙著淚，一字一字地念完全文，他告訴楊錦同說，沉冤了十四年，他終於洗刷冤屈了，希望這紙特赦令能告慰義父在天之靈。

除了楊錦同的死，最讓他耿耿於懷的，當然是那些共同造成冤案的人沒負起應負的責任。他是得到總統赦免了，但事情就這樣一筆勾消了嗎？

十五年有期徒刑的刑事確定判決，當事人逃亡七十一年，繫獄兩年，一紙特赦令是史無前例的「罪刑宣告無效」。但是幾乎已達告老還鄉的蘇先生，面對早已崩盤的事業、一大段空白的人生，他只是疑惑：「怎麼連一聲道歉都沒有？」

而這不正也是我們的疑問嗎？如果一件受到司法確定判決的案件，需要總統行使特赦來改變結果，難道不是因為有人犯了錯嗎？這件案子經歷的不是一、兩位司法人員，從警方、檢方到歷審法官，難道不是因為一錯再錯才會讓這個案子沉冤至今嗎？四次非常上訴、四次再審聲請都無法改變判決的結果，這樣的司法救濟過程不荒謬嗎？但是，從頭到尾，沒有人認錯。

換個角度看，蘇先生能「苟活」至今，逃亡七十一年，獄中有人協助、有人為他提出非常上訴及再審的聲請、有人曾經判他無罪，這些人不是在這個桎梏的體系中勇於承擔的勇者嗎？難道不該為他們實踐了「司法獨立」的真義而喝采鼓掌嗎？但是，沒有人發聲。

誤查誤判或許是人類司法不可能完全避免的錯，但是比這個錯誤更可怕的是，明知錯了卻當作沒看見、明知錯了卻依然傲慢，明知錯了卻不肯學習謙卑！如果司法不能從錯誤中學習，那麼司法獨立將只是成為傲慢自大的藉口；如果司法對自己的標準是非不分獎懲不明，那麼司法又將憑什麼要求人民遵守法律所訂定的黑白界線？我們又將何以期待人民對司法會有真心的信服與尊重？這麼簡單的道理就是我們要追究到底的原因。[4]

這是體制性、結構性的沉默，而且最驚人的是，就連旁觀者都保持沉默。沉默，永遠是真相的頭號大敵。

既然是制度性的傷害，就需要得到制度性的平反和賠償。二〇〇一年一月司法節前夕，司改會、臺北律師公會為蘇炳坤召開記者會，要求司法院、法務部、監察院應徹查「製造」這起冤案的警察、檢察官及法官，並向蘇家公開道歉，賠償他們這些年受到的冤屈及損害。

為什麼說蘇案是「製造」出來的？因為這起案件猶如出自一條「製造冤案的生產

線」，生產線上的元凶分別是警察（嚴刑逼供、栽贓證物、荒謬指認及違法逮捕）、檢察官（無視刑求抗辯、草率起訴、不做調查）以及高院法官（採信檢警提出的證據，僅以「函查」調查有無刑求，認為蘇炳坤沒認罪就表示沒有刑求）。司改會在新聞稿中指出：「檢察總長提起四次非常上訴、檢察官聲請四次再審，最高法院竟然都駁回，顯見法官對於判決幾乎沒有反省能力，而法律對於非常上訴及再審的規定過於嚴苛，導致聲請非常上訴及再審成功的機率不到百分之一，要以非常上訴及再審達到救濟目的簡直難如登天。另外，一旦確定判決完成，法院內部官官相護的文化導致翻案成為奇蹟……」

可以想見的是，記者會之後，沒人出面認錯或道歉，一個都沒有。

蘇炳坤很不服氣，向新竹地院聲請冤獄賠償，想當然爾地被駁回了。駁回理由是，他是由總統特赦，而不是法院判決無罪，不符合冤獄賠償的條件。

司改會行文司法院、法務部及內政部警政署，要求嚴懲相關失職人員，得到的答覆千篇一律都是「相關承辦人員並無違法失職」。

4〈特赦之後……〉，司改雜誌社論，《司改雜誌》第三十二期，二〇〇一年四月十四日。

如果警察、檢察官與法官都沒有失職，那麼總統為什麼要赦免他？這在道理上說不過去。司改會不願罷手，行文至總統府要求說明特赦蘇炳坤的理由，總統府公共關係室回函表示「已將公文轉給其他相關單位」，就沒有下文了。

回想特赦以前的日子，蘇炳坤每天痛苦得好像在做惡夢。他不明白，怎麼被特赦了以後，痛苦仍然沒有盡頭？他彷彿聽得到內心撕心裂肺的吼聲，那巨大的聲音令自己都感到震驚，只能把歷經四次再審、四次非常上訴、兩次監察院調查報告的資料整整齊齊地排列疊好，他想讓子孫知道，臺灣司法有多麼黑暗。

就這樣，他撐過了一天又一天。直到獲知陳總統特赦白米炸彈客楊儒門那日，就像是冰鑽扎入心裡，他痛到幾乎麻木。

二〇〇三年至二〇〇四年，「白米炸彈客」楊儒門在新竹、中壢和臺北放了十七顆爆裂物，爆裂物旁總會有白米和抗議紙條，目的不是為了勒索，而是阻止政府開放稻米進口，最後被判刑五年十個月，直到二〇〇七年六月二十一日得到總統特赦出獄。

蘇炳坤以為，楊儒門是為了理念坐牢，但他放置炸彈是事實，能夠獲得特赦，真是幸運極了。至於他呢？他什麼都沒有做，卻莫名其妙被判了十五年，儘管拿到了特赦令，又怎麼樣？尤其讓他心寒的是，那些羞辱、折磨、虐待他的執法者一點事都沒有，甚至一路升官，這公平嗎？他們真不知道自己做錯了嗎？就算他們不知道自己錯了，司法單位難道拿他們一點辦法都沒有？

事實上，蘇炳坤被特赦之後，警政署在二〇〇三年曾針對涉案員警做出處分，包括：

- 何明萬與張瑞雄在拘提蘇炳坤之後，並沒有立即向新竹地方法院聲請拘票，而是在移送時併案聲請，且「書寫逕行拘提犯罪嫌疑人報告書內容草率，有違逕行拘提相關規定」，其中何明萬被記申誡一次。
- 朱崇賢、鄭進良、許軍去在贓物認領保管收據填寫上有疏失，鄭、許記申誡一次，朱崇賢在執行拘提及起贓作業均有違失，記過一次。
- 分局長刁建生、副分局長李金田、刑事組長王文忠對逕行拘提程序及起贓作業監督不周，王文忠記申誡一次，刁建生、李金田免究行政責任。

一支申誡、一支小過算什麼？至於刑求的部分，為何隻字未提？蘇炳坤很不甘心，很想做點什麼，親朋好友苦勸他說，事情都過了那麼久，你已經被特赦了，就別再追究了。可是，要他放下，真的好難。

那個假日天氣正好，蘇炳坤與陳色嬌帶著孫女到南寮漁港吃海鮮。甫坐下來，眼尖的蘇炳坤看到一個熟悉的身影，刑事組組長王文忠。他久久沒說話，光是瞪著對方，王文忠沒見到他，逕自與親友喧譁似地走進樓上包廂。

蘇炳坤搖著頭，彷彿想讓腦袋清醒。他一手緊緊包住另一手緊握的拳頭，結結巴巴地跟陳色嬌說，我看到「那個人」了。陳色嬌開始緊張了，說，你不要衝動啊，事情過那麼久了，算了啦。以蘇炳坤的個性，怎麼可能就此打住？這筆帳，他早就想算清楚了。待王文忠走出包廂，他立刻衝上前去，直挺挺地站在對方面前問道，你知道我是誰？王文忠愣住了，仍冷靜說道，我知道。蘇炳坤憤憤問他，你為什麼要刑求我？為什麼要冤枉我？王文忠說，我沒有。蘇炳坤說，我是被我的工人害的，你知道你害得我多慘？人在做，天在看，你這樣對得起你的良心嗎？王文忠沒說什麼，只是一逕地沉默。

蘇炳坤痛苦地幾乎撐不住，若不是陳色嬌扶住他，就要跌坐在地了。他舉起顫抖的手揉起眼睛，為了無法修補的過去而落淚。他要的不多，只是公平而已。面對已然崩盤的事業，一片空白的人生，他只是疑惑，這一切是為什麼？

歷史的迷霧散了，事情始末愈發清晰。蘇炳坤一直在等一個答案，但是沒有人回答。他已經快七十歲了，很擔心有生之年都等不到真正的平反，只能喃喃自語說給自己聽，說從前從前，可怕的司法體制冤枉了他的大半生。

沒有被冤枉的人，無法瞭解清白有多麼重要，那些痛，不該被忘記。蘇炳坤決定展開下一階段的戰鬥，再次挑戰再審的超高門檻。

六、不可能的任務

迎頭反擊

心靈的疼痛難以被看見，它不是外傷，不會流血，卻不代表痛苦並不存在。

每個人都告訴蘇炳坤說，總統特赦已是極大的殊榮，不該再奢求什麼了。可是他心裡總是有另一個聲音說，不行，不可以這樣就算了。陳色嬌也勸他，你這樣太執著會帶來傷害，蘇炳坤卻以為傷害早已造成，何況他除了手鐐腳銬以外，已經沒什麼好損失的了。

那時臺灣社會業已歷經總統民選與政黨輪替，昔日的恐懼悲情已不復見，爭民主、爭權利已是家常便飯。在這樣的社會氛圍下，充滿鬥志的蘇炳坤再度發揮「居家逃亡」時練出來的功夫，每天仔仔細細讀報紙、看電視，尋求值得信賴的求助對象。這回他挑中的，是協助蘇建和案平反的立委顧立雄。顧立雄建議他找冤獄平反協會（平冤會）幫忙，他不知道那是什麼單位，基於對顧立雄的信任，仍決定主動連繫。

二〇一二年由王兆鵬教授、羅秉成律師、葉建廷律師、高涌誠律師共同成立的平冤會，是臺灣第一個專注冤案救援的民間團體。他們的救援流程是這樣的：在收到陳情之後成立冤錯案救援審議小組，經過審議小組認定是無效科學、或嚴重違反正當法律程序的冤案，才會決定接案並成立個案救援小組，透過聲請再審、非常上訴、大法官釋憲及向監察院陳情的方式進行救援。

二〇一六年春天，蘇炳坤打電話給平冤會求助，平冤會同仁請他填寫申請表格，授權他們去閱卷瞭解案情，他卻遲遲沒有動作，直到那年五月二十日蔡英文總統上任了才正式提出申請。以蘇炳坤的急性子，這樣的舉措極不尋常，我問過他為什麼拖了那麼久？他的回答是：「馬英九做法務部長的時候，我去求他三次，他每次都說好好好，結果咧？靠夭，什麼都沒有。這麼好的機會給他，他都不做，我信不過他，要等他（總統）下臺了才申請。」

根據蘇炳坤提供的判決書、特赦令、再審裁定及剪報，平冤會判斷這起案件不算複雜，但是平反難度很高——除了年代久遠調查不易之外，案情核心不在科學鑑定而是法官自由心證，很難提出什麼新的證據一翻兩瞪眼。但經過內部討論，他們仍認為這是一起值得救援的案件，並決定將主戰場設定在法庭對決，即使過去從來沒有「特赦案是否能夠進行再審」這樣的先例。

不過首先必須解決的，是調卷的難題。

蘇案是三十年前的舊案，卷宗早已不知被塞在什麼灰塵瀰漫的倉庫裡無人聞問，就算調得到恐怕也得拖上幾個月，而且搞不好已經被銷毀了。面對諸多不可知的變數，平冤會向新竹地檢署聲請調卷時亦聲請保全，確保若有銷毀的計畫必須暫緩。沒想到在等待閱卷的期間，彭南雄聽說平冤會準備救援，立刻將珍藏多年的卷證備份寄過去，還說「它們終於等到了有緣人」。經過一番周折，新竹地檢署才通知他們可以閱卷，那已是四個月以後的事了。

負責蘇案的律師團成員，除了平冤會理事長羅秉成之外，劉佩瑋與任君逸都是七年級的年輕律師，蘇案發生時不過才一、兩歲，接手這樣的陳年舊案，對他們來說是極為難得的經驗。

劉佩瑋坦承起初對案情所知甚少，只知道是椿冤案，並不瞭解細節。待閱讀了即使是電子檔仍看得出時光斑駁痕跡的卷證，才大感吃驚。

「這個案子一看就知道是冤的啊，證據這麼少，證人都講不是蘇大哥做的了，可是法官還是判他有罪……最重要的就是證人的指認，但後來證人都翻供了，通常（翻供）不會直接定罪，可是這案子就這樣定了。那個年代的司法是這樣子，真的讓我好驚訝！」

劉佩瑋參與過江國慶[1]、柯芳澤[2]、邱和順[3]等案的討論，並分擔部分工作。但是蘇案不一樣，這是她進入平冤會後負責的第一起案子，而且單是閱讀書面資料，就能感受到無以名之的絕望感：

「在整個審理過程中，郭中雄跟蘇炳坤真的是不停地、不停地向法官表示被刑求。郭中雄的母親在一審解除羈押禁見以後，看到兒子滿身是傷，向法院聲請勘驗，但二審法院只發文到警察局問他們『有沒有刑求』……這種事情，你至少該把人傳來問一下吧，怎麼會只用發文的？」

劉佩瑋記得，每次開律師團會議，蘇炳坤總是早早從新竹風塵僕僕地到臺北平冤辦公室，提了一袋新竹有名的肉圓給他們打牙祭，其餘時間就靜靜坐在旁邊等開會。

某次開會前的空檔，劉佩瑋問他，你已經被特赦了，為什麼還要爭取再審？

「蘇大哥說，很多人勸他不必花這個力氣，他說，他想讓孫子知道阿公是冤枉的，是個光明正大的人。他跟孫子感情很好，孫子對他的事也感到憤憤不平，我想是因為這樣，他很想證明自己的無辜，給後代子孫一個交待。」

蘇炳坤的冤屈幾乎是可以確定的，不過劉佩瑋認為，律師的責任是替當事人爭取權益，也不能信口開河，畢竟案件不是非黑即白，是需要「再詮釋」的。

「如果你看到卷裡的證據會這麼想，代表法官也可能是這樣想的，對吧？所以被告的說法如果有不清楚的地方，我們就必須去問清楚，如果被告的說法有不合理、或是別人覺得有問題的地方，就必須幫他查清楚，試著從既有的證據去扭轉法官的心證，這就是律師的工作。」

1　一九九六年江國慶被控在軍營內姦殺五歲女童，事後他稱是遭到刑求才承認犯行，仍被處以死刑。直到二〇一一年真正的犯人許榮洲坦承犯案，全案才得以翻案。

2　一九七八年發生一銀押匯案，時任銀行襄理的柯芳澤受冤遭押丟了工作，司法纏訟近三十年，直到二〇一七年才獲判無罪。

3　邱和順被控犯下一九八七年洪玉蘭分屍案及新竹陸正綁架案，但檢方的控訴全建立在被告自白，沒有其他證據證明他確實涉案。至今邱和順仍在獄中等待平反。

律師的工作，是要讓法官看到起訴書以外的東西，從細瑣的事情去堆疊和說服。既然蘇案是需要「再詮釋」的，選擇什麼重點進行再詮釋，便成了律師團的首要任務。

事實上蘇炳坤無罪的證據，當初新竹地檢署的陳文昌、彭南雄檢察官都提過了，無奈受限於昔日《刑事訴訟法》再審條文對「新證據」的要件規定，很難開啟再審。直到二〇一五年《刑事訴訟法》第四二〇條第一項修法，終於為蘇案打開平反的契機。

根據《刑事訴訟法》第四二〇條第一項規定「有罪之判決確定後，有下列情形之一者，為受判決人之利益，得聲請再審」的條件，修改前後舊法與新法的差異如下：

舊法	**新法**
一、原判決所憑之證物已證明其為偽造或變造者。	一、原判決所憑之證物已證明其為偽造或變造者。
二、原判決所憑之證言、鑑定或通譯已證明其為虛偽者。	二、原判決所憑之證言、鑑定或通譯已證明其為虛偽者。
三、受有罪判決之人，已證明其係被誣告者。	三、受有罪判決之人，已證明其係被誣告者。

四、原判決所憑之通常法院或特別法院之裁判已經確定裁判變更者。	四、原判決所憑之通常法院或特別法院之裁判已經確定裁判變更者。
五、參與原判決或前審判決或判決前所行調查之法官，或參與偵查或起訴之檢察官，因該案件犯職務上之罪已經證明者，或因該案件違法失職已受懲戒處分，足以影響原判決者。	五、參與原判決或前審判決或判決前所行調查之法官，或參與偵查或起訴之檢察官，**或參與調查犯罪之檢察事務官、司法警察官或司法警察**，因該案件犯職務上之罪已經證明者，或因該案件違法失職已受懲戒處分，足以影響原判決者。
六、因發現確實之新證據，足認受有罪判決之人應受無罪、免訴、免刑或輕於原判決所認罪名之判決者。 前項第一款至第三款及第五款情形之證明，以經判決確定，或其刑事訴訟不能開始或續行非因證據不足者為限，得聲請再審。	六、因發現確實之**新事實**或新證據，**單獨或與先前之證據綜合判斷**，足認受有罪判決之人應受無罪、免訴、免刑或輕於原判決所認罪名之判決者。 前項第一款至第三款及第五款情形之證明，以經判決確定，或其刑事訴訟不能開始或續行非因證據不足者為限，得聲請再審。 **第一項第六款之新事實或新證據，指判決確定前已存在或成立而未及調查斟酌，及判決確定後始存在或成立之事實、證據。**

透過對照可以發現，修法主要是集中在第一項第六款，尤其是占歷來聲請再審事由多數的「新證據」的定義。根據舊法規定，只有「發現確實之新證據」才可以聲請再審，由於門檻極高，除非發現判決確定之前就存在的證據，否則通常都會被駁回。但修法之後不僅重新定義「新證據」，並增加「確實之新事實」及「單獨或與先前之證據綜合判斷」，讓被告從過去必須「確實能證明其無罪」，變成「合理相信其無罪」就可開啟再審；同時「新事實」、「新證據」的認定標準也放寬了，就算判決確定前已經存在、或是成立而沒有調查的都算。換言之，如果原本卷內有無罪的證據，可是大家不知道或沒有指出來，就可以做為聲請再審的理由。

這個修法的消息讓律師團大感振奮，因為如此一來，他們就可以用過去新竹地檢署提出的「舊證據」提出「新解釋」了，包括：

一、寶興銀樓登記簿沒有逐一記載郭中雄賣給他們的金飾，顯然紀錄有明顯瑕疵，無法做為郭中雄自白的補強證據。

二、警方認定是贓物的金項鍊與手鐲，與陳榮輝列出的損失清單並不相符（清單上載明被竊手鐲有八只，上面有機刻花紋，但贓物手鐲沒有花紋。另外，損失清單上記載被竊的項鍊有五錢重，但是贓物項鍊卻有九錢八分重），金飾的重量與花紋皆有出入。

三、歷審法官沒有到現場勘查，直到陳文昌履勘才發現，郭中雄聲稱從後方公寓三樓攀爬至五樓金瑞珍銀樓，就難度來說超乎常人，足以動搖自白的真實性。

四、既然陳榮輝犯下詐欺罪是確定的，代表符合四二〇條第一項第二款「原判決所憑之證言、鑑定或通譯已證明其為虛偽者」的規定。

光憑以上四點，律師團認為應足以動搖原判決所認定的事實正確性。

不過，最讓律師團擔心的，是「總統特赦之後，是否還可以提再審」的法律爭議，畢竟過去並沒有這樣的前例，而且蘇案已提過四次再審及四次非常上訴都被打回票，這次準備第五度叩關，該提出什麼樣的見解說服法院？又能有多少勝算？任君逸說：

「那時我們的想法是受執行人僅有『刑』被赦免都可以聲請再審，既然蘇案明顯是冤枉的，且經總統特赦『罪』、『刑』俱消，部分赦免可以聲請再審、全部赦免卻不能聲請再審，輕重失衡，非常不合理。但『不合理』本身並不是法理說明的論證方法，所以我們開了好幾次會討論、研議。當時有位臺大研究生提供了一個很重要的立論，成為了定調。他認為再審標的物是『判決』，而有罪、無罪的主文宣告只是判決的一部分，換句話說，主文部分縱使被總統特赦、去除了有罪的部分，但判決本身仍在，也就是說，『主文』是判決的核心，但不是判決的全部，犯罪事實欄、理由欄以及其餘論罪的內容仍然存在，並沒有因為總統赦免而消失。既然有罪、無罪只是判決的一部分，判決裡還有其他包括事實的認定及事實認定的理由，而提出事實認定及事實認定的理由，就是我們提出再審最重要的目的。」

理路清晰的任君逸沒有停頓，一口氣說了一大串，字字珠璣，我彷彿也上了一課。

蘇案是八〇年代新竹地區的大事，家住新竹的任君逸那時才一、兩歲大，自然沒什麼印象。二〇〇〇年蘇炳坤被特赦時，他看到這則新聞，並沒有特別關注，後來是透過事務所老闆羅秉成的緣故參與鄭性澤案的救援，首次對刑事訴訟理論與實務的巨大差異大感震撼。這回接手蘇案，他才發現竟然跟鄭案一樣，有太多不合理的地方了。

「這個案件有兩個特別奇怪的地方。第一，同案被告郭中雄的供述很奇怪，情緒反應也很不尋常，像是他時常不願意回答，或者一直說『不想活了』，不太像是正常人的反應。我記得卷宗內有一份警詢筆錄，郭中雄在筆錄尾端的簽名歪歪斜斜的，警察特別在下方加注說，這是他用左手簽的，右撇子有什麼理由要用左手簽名？這些跡象都很不尋常。第二，這個案子的指認很有問題，仔細看卷宗就可以發現，警方給證人是做單一指認，而且指認過程中給了強烈的暗示，甚至直接給證人壓力。當時法院應該可以做得更多、更慎重，可是他們都沒有做。」

任君逸說，起初他對案情並不瞭解，只是覺得案件有疑，但是手上沒有卷證，便由他負責去地檢署調卷。「這個案件歷史悠久，不但很難調卷，也很難閱卷，檢察官、書記官的筆跡龍飛鳳舞，非常難以辨識。最初地檢署一度跟我們說沒有卷宗留存，是我們強調這起案件茲事體大，後來他們才又說找到卷了。如果沒有卷，我們可說是什麼事都沒辦法做。」

跟劉佩瑋一樣，讓任君逸感受最深的，是從蘇炳坤身上感受到的深沉冤屈感。像他這個世代的年輕律師，「刑求」有如歷史名詞，或有耳聞卻不曾躬逢其盛，直到親耳聽著蘇炳坤一次又一次訴說被刑求的屈辱與痛苦，他才知道，原來那樣的傷害是一輩子的。

「有次開會的時候，大家你一言、我一句地勸蘇大哥說，放下它，忘了吧。他說，這麼痛苦的事，我怎麼可能忘得掉？」

平冤會經過仔細評估，決定為蘇炳坤聲請第五次再審，並由律師團召集人羅秉成親自向他說明內容，問他有沒有什麼意見。蘇炳坤心想，這些人真是厚禮數，我哪有什麼意見？便說，你們是專家，不用問我啦，隨即在委任狀上簽名。羅秉成問他，需不需要挑日子遞件？蘇炳坤說，不必啦，沒在信那個的。

蘇炳坤個性中有種不信邪的部分，常覺得很多事情為什麼一定得這樣？為什麼不能有別的樣子？司法不公造成的傷痛與失去的青春，不是一紙特赦令可以撫慰的，他想要有所改變，想要有所行動，即使他不確定這麼做有沒有用。但在被無情的體制輾壓過一番之後，他仍決定親上火線與之搏鬥，而且是傾其所有，奮力一擊。

反正該來的逃不了，該你的躲不掉，至少，他是這麼想的。

拿明朝的劍斬清朝的官

二〇一七年八月二十八日，臺灣高等法院針對蘇炳坤案是否開啟再審開庭審理。承審的林孟皇法官與合議庭認為這起案件具有法治教育的意義[4]，在徵詢過當事人同意之後，特別破例開放媒體在開庭前進入拍攝，同時進行全程錄影。這是前所未有的事。

原本合議庭在受理之初，認為蘇案經過總統特赦又聲請再審，自然有它的特殊性，一度考慮採取法庭直播，蘇炳坤亦樂觀其成，但最後卻沒有這麼做。原因何在？

事後林孟皇法官為文感嘆：

司法院主事者對此三番兩次干擾，不僅曾私下修改合議庭撰寫的新聞稿，甚至在合議庭早已依法公告，准予媒體記者全程拍攝宣判期日過程的情況下，仍透過高院書記官長傳達意見，以這是法無明文的法庭直播為由，要求我們合議庭改變做法。5

原來是這樣！

得知實際負責調查蘇案的承審法官是林孟皇時，平冤會同仁都鬆了一口氣，執行長羅士翔甚至認為案子分給林法官，就等於是「翻開底牌」了。他說：「那時全高院

4 根據臺灣高等法院一〇六年聲再字第二二五號刑事案件新聞稿指出：「本件不僅涉及總統發布特赦的刑事被告可否聲請再審的重大法律問題（這或許是我國司法首例），而且藉此可以讓全體國人有機會重新檢視過往威權統治時期『刑法肥大化』（懲治盜匪條例存在的必要性）、『刑事訴訟制度的變革』（如再審制度、檢察官搜索與羈押權限的回歸法院），以及『犯罪偵查機關的證據調查』（警察的指認程序有無瑕疵、有無刑求、召開破案記者會是否妥當）、『法院的採證法則』（共同被告自白可否採用、自由心證原則有無濫用）等等，無一不是深具法治教育意義，並有助於重拾人民對於司法的信賴。」

5 〈讓法庭成為公民教育劇場〉，林孟皇，《蘋果日報》，二〇一八年八月十四日。

除了林孟皇之外，大概沒有幾個人可以接這一球。誰願意拿石頭砸自己的腳？而且還是那麼大顆的石頭？第一，你要翻多少前輩的案子？第二，你要解釋赦免以後能不能再審，這是過去根本沒有人會去想的法律爭議。第三，最後的結果你要讓最高法院買單，這實在是太難了。可是我覺得林孟皇是那種喜歡挑戰的人……要說蘇大哥再審成功最重要的一刻，就是在分案的那一剎那！」

林孟皇法官承審過不少社會矚目的案件，像是前總統陳水扁女婿趙建銘涉及的台開案[6]，臺北市議員塗掉景福門黨徽案[7]等。他時常發表文章批判司法體制，也很關切司法體系在人權保障與程序正義的問題。有人說他是改革派，也有人視他為異類，他都不為所動，繼續當司法界的「炮手」。他說過：

司法的目的是為了實現正義，愈能掌握司法活動內在價值的人，愈能夠對法律產生深刻的瞭解，並從中得到樂趣。是以，法官之所以要瞭解法官倫理規範的要求，不僅是為了克盡自己依法審判的職責，也是為了尋找自己人生的安身立命之道，讓自己活得更快樂、更有尊嚴。尤其法官獨立審判，常要面對民眾一時激憤，與論審判等多數意志的壓迫，如果沒有堅定的意志與信念，是很難維持內心的獨立性，做出公允的司法判決。[8]

做出符合社會大眾期待的判決是容易的，做出違逆大家想像的判決的決定是困難的，碰到林孟皇這樣的法官，果真是蘇案平反順利的開端。

這次蘇案聲請再審開庭的主要六個爭點，包括：一、蘇炳坤已獲總統特赦，而且罪刑全免，這樣是否仍能開啟再審？二、原確定判決採用陳榮輝的證詞後來經證明是虛偽，是否符合二〇一五年新修正《刑事訴訟法》第四二〇條第一項第二款「證人證詞已經證明虛偽」成為再審的理由？至於另外四點，則是辯方律師提出的四組新事證，是否符合新修正的《刑事訴訟法》第四二〇條第一項第六款的再審理由？

關於第一點，律師團召集人羅秉成指出，根據《赦免法》第五條之一及大法官第二八三號解釋，顯示《赦免法》並沒有否定原有罪判決的效力，而且美、德兩國都有

6 二〇〇六年，前總統陳水扁女婿趙建銘涉嫌內線交易，林孟皇法官將包括趙在內七名被告以違反證交法統統判處有罪，是第一位判決第一家庭成員有罪的法官。

7 二〇〇九年，臺北市議員莊瑞雄等三人以油漆將景福門的國民黨徽塗掉，文化局長李永萍以毀壞古蹟罪名控告三人。林孟皇法官認為國民黨徽是政治圖騰，並非古蹟，判處三人無罪。

8 〈揭開司法的面紗〉，林孟皇，收錄於《找回法官失落的審判靈魂》，頁二八一，五南出版社，二〇一三。

赦免過後可聲請再審的情形，蘇炳坤在特赦後向新竹地院聲請刑事補償遭到駁回，表示「有罪的法律效果」仍然存在，基於這個理由，應可聲請再審。

黃東君檢察官持不同意見，他認為，「罪刑之宣告無效」代表罪、刑都無效，既然「罪」已不存在，就沒有再審的標的，就算有理論支持赦免後可以再審，在程序上仍有爭執。如果被告有冤屈，他希望給予救濟機會，至於聲請再審的理由是否符合法律規定？他持保留態度。

黃檢察官說，他個人在感情上支持蘇炳坤再審，但是檢方必須謹守法律程序，如果最後結果是允許再審，檢方一定會提起抗告。他還提到，高檢署多次聲請再審為蘇炳坤平反，原判決也被監察院認定有諸多瑕疵，可是「起訴與判決也是有所根據」，當時從無罪判決改為有罪判決「自然有其根據所在」，現在從嚴格的證據法則來看，蘇炳坤或許是無罪，不過就像他同事說的，這麼做會不會是「拿明朝的劍斬清朝的官」的後見之明？

冤案的恐怖，就像鬼壓床似地占據了蘇炳坤大半生，生活變成醒不過來的惡夢。面對這樣受傷的心靈，所有討論都停留在法律見解各自表述的意義是什麼？很瞭解蘇炳坤心情的羅秉成語重心長地說，他希望檢察官能「聽聽自己的聲音」，不要為了追求法律意見與見解，讓當事人飽受折磨，他說：「這不是拿明朝的劍斬清朝的官，無罪推定的原則一直存在，如果檢方提出抗告，將會對被害人造成莫大的折磨。」

至於陳榮輝證詞的部分，羅秉成認為確定判決要正確，使用的證據也必須正確，也就是說「法院的手要乾淨」，既然陳榮輝的說法被判決是有問題，就不能當作可信的證據。但是黃東君檢察官以為，證物是警察交給陳榮輝的，他被判詐欺罪可能覺得很冤枉，依照大法官會議相關解釋，如果他不服的話，可以上訴至最高法院，重點是他在審判時說的是不是實話？

至於律師團提出的四項新事證[9]，黃檢察官認為並不符合修正以後《刑事訴訟法》第四二〇條第一項第六款規定，何況高檢署聲請再審、或檢察總長提起非常上訴都被駁回了。羅秉成反駁說，過去有些證據被提出來，卻沒被視為有利於被告的證明，例如陳榮輝列出失竊清單金飾的重量與花飾等資料雖然都在卷宗裡，並沒有與寶興銀樓搜到的金飾進行比對，而且檢方也發現金飾不是來自金瑞珍銀樓，可見整起案子既沒有贓物，也沒有物證，只有郭中雄的口供，而他自白的真實性又有問題，原判決「人

9 見第六章，頁一四六。

贓俱獲」的說法十分薄弱。

最後，審判長問蘇炳坤有什麼想說的？蘇炳坤才站起來，淚就掉下來了：「特赦沒有還我清白，我心有不甘，人生都毀了……希望法官能查明真相，還我清白！」

蘇炳坤不停地在法庭外奔走、在庭內奮戰，同樣的話，大概已經說了一萬次了，只是不知道這樣一而再再而三的陳述是否有用。

在等待裁定的這段期間，蘇炳坤吃也吃不好，睡也睡不著，擔心的不得了。開庭前一晚，他突然感到一陣暈眩，嘔心反胃，直冒冷汗，陳色嬌想叫救護車送急診，他搖搖手說，不用了，躺著休息一下就好，身體仍止不住地顫抖。他得失心那麼強，用力過猛，當然傷心傷身。

九月十九日開庭，高院首度開放媒體進入法庭全程錄影。法官就座之後，嘈雜的人聲與旁聽席立刻安靜下來。

當審判長周盈文說出「本案准予再審」幾個字，全場歡聲雷動。超過三十年的舊案得以開啟再審，而且是第五度聲請再審成功，這樣的場景簡直令人不敢置信。審判長說：「蘇炳坤如有遭誤判而受冤抑的可能，即使他曾被特赦，仍有對原確定判決尋求非常救濟的機會，以便重拾清白之身，向國家請求刑事補償的實益，當然可以聲請再審；」另外，陳榮輝承認警方要他認領的金飾並不是他的，以及金瑞珍銀樓屋後與鄰宅的樓高落差有五公尺，郭中雄不可能攀爬外牆侵入，也讓高院認為「足動搖原判決所認定的犯罪事實正確性」。承審的林孟皇法官亦有感而發地表示：「審判不能求快，錯誤的審判可能造成真正犯罪的人逍遙法外。」

蘇炳坤起身，頻頻向法官鞠躬致謝，並不斷地拭淚。他感謝一路以來幫忙的親朋好友：「三十幾年來，我真的天天都很不甘心，我那麼好的事業，那麼好的人生，一夜之間都被毀掉了……請還我一個清白！」然後他特別懇請檢察官不要提抗告，因為他已經承受不住再一次的打擊了。

然而事與願違，不久傳來壞消息，檢方決定抗告。

蘇炳坤跟兒子說過，哪天他若是死了，燒燒隨便放哪都好，盡量簡單，因為他最掛心的，只有自己的清白。聽到抗告的惡耗時，他以為做好心理準備了，沒想到還是在無情的現實面前顫抖起來。

只要提起檢察官抗告一事，平冤會執行長羅士翔就有氣。「這是在幹嘛？他們（檢察官）前輩就已經在提非（常）上（訴）跟再審了，想要翻案，好不容易現在法院開門，你現在又要提抗告，是什麼意思？當然這個案子，赦免後能否再審，在法律上是有討論的價值，可是當你回想這個裁定影響到的是一個人的處境，為什麼要這樣？有必要嗎？」

羅士翔與任君逸、劉佩瑋同樣是七年級生。他最早對蘇炳坤案的印象，是看了《正義的陰影》[10]對於蘇案的描述，並沒有太深的印象，反正冤案嘛，大概就是那麼回事。後來是因為老闆顧立雄律師與立委尤美女的緣故開始接觸冤案，明白了許多從前沒有察覺的事，特別是在一個沒有正義、沒有真相、沒有記憶的社會裡被冤者的困境。等到二〇一二年進入平冤會工作，經驗與心境自是大不相同了。

士翔坦言，原先他對立案救援蘇案的態度是保守的。「那時我們提了好幾個案子一直被駁回，對於要不要繼續立新案不是很確定。我看過一份中國的資料說，如果手上有五件案子在救，最好成功了一件再救下一件，不要一直立案，免得所有案子都救不起來。我是蠻認同這個做法，否則立那麼多案子，又救不出來是在創啥？蘇案再審提那麼多次，非（常）上（訴）也都被駁回，總統赦免又是罪刑全免，並不符合再審要件。可是羅律師（羅秉成）認為還是該救，他說，你們覺得這個案子不冤嗎？既有的法律訴訟程序走了，監察委員也不知遞提案多少次了，學者聲援，檢察總長出手，我們還有什麼理由不救？」

他提到羅秉成常引用德國刑事律師許文（Johann Schwenn）的話說，錯誤的判決會有一種特殊的氣味，這樣「笨笨的、鈍鈍的味道」很難言傳，只能體會。蘇案的這種氣味，他們都感受到了，更重要的是，他們看到的不只是一樁冤案，更看到了一個蒙冤受苦的靈魂，任何人都不該遭受國家這樣的對待。

既然決定救援，士翔自是二話不說，全力以赴。尤其眼見蘇炳坤如此深沉的痛苦，他心裡有很多不捨，而他能夠做的，就是有空陪蘇炳坤聊聊天，喝點小酒，聽他發發牢騷，久而久之，竟也發展出情同父子的關係。

「他真的跟我爸很像，兩個人只差一歲，也是生四個小孩，生活背景差不多。他跟阿姨（陳色嬌）的外型跟互動跟我爸媽也很像，我爸跟蘇大哥一樣壯壯的，我媽跟阿姨一樣都小小隻的，有一次他們在最高法院門口合照，兩對站在一起的樣子，真的很妙！」

退休的羅爸爸、羅媽媽知道兒子在平冤會上班，卻不怎麼瞭解他具體工作內容，士翔建議說，蘇大哥開庭的時候，你們可以來法院旁聽啊。羅爸爸、羅媽媽未必對法

10《正義的陰影》，民間司法改革基金會著，商周出版社，二〇〇二。

庭攻防有太大興趣，基於關心兒子的心情，還是風塵僕僕騎了摩托車前往旁聽。結果兩對夫妻一見如故，兩位媽媽更是合拍，羅媽媽聽了陳色嬌提起那段不堪回首的往事，忍不住嚶嚶啜泣起來。「她們兩個就很像啊，心腸都很軟。」士翔說。

隨著對案情與當事人愈發熟稔，士翔對蘇案的進展愈發在意，心情亦隨之起伏。原本他以為既然再審條件放寬了，原判證據極不合理，人證指認也有瑕疵，承審法官又是值得信任的林孟皇，應該沒什麼問題才對。不料事情的發展不如預期，先是檢察官提出抗告，而後理事長羅秉成又因接任政務委員，前次開庭成了暫別律師界前的最後一庭。羅秉成一直是掌握蘇案辯護策略面的核心人物，他的離職讓平冤會同仁愁雲慘霧了好一陣子，不知這場仗是不是打得下去。幸而長期投入司法改革及冤案救援的高涌誠律師義氣相挺，決定接手律師團召集人，大家才放下一顆忐忑的心，畢竟這是關乎蘇炳坤人生的一役，沒有人敢大意。

十月二十五日，最高法院特別開調查庭，調查蘇炳坤案是否具備再審條件。

負責本案的蒞庭檢察官林永義曾在新竹地檢署服務，對這起案件並不陌生。他說，蘇炳坤被判有罪時人心惶惶不安，司法機關也深受其擾，幸好總統以行政高權進行特赦，讓社會安定了下來，如果這次又提再審，恐怕會讓社會再次陷入不安，破壞社會的安定性。同時他也質疑，法官有審酌總統特赦正確與否的權力，萬一開啟再審以後做出有罪判決的話，已經被特赦的蘇炳坤是否要入監執行？

蘇炳坤直視著檢察官的雙眼，覺得心裡好像「轟」的一聲，什麼都塌了。他不明白，如果檢察官也覺得他是無辜的，為什麼不願意相挺？

高涌誠律師先是感謝檢察官從承認蘇炳坤清白的角度進行陳述，進而強調透過訴訟權追求清白，是人性尊嚴的展現，而人性尊嚴的展現，不應因特赦而被剝奪。他認為，特赦罪刑宣告無效，其實只消滅了判決主文，並不等於宣告判決無效，而且特赦並沒有給出詳盡的理由取代原判決。任君逸亦反駁「提起再審會破壞社會安定性」的說法，指出冤獄沒有得到平反，也是沒有安定性，何況蘇案是極端案例，這種案子不會多到影響安定性；另外他也提到再審無罪應刊登在公報上，唯有透過這樣的形式，才能還給無辜者真正的清白。

但是檢察官持不同看法。他以為特赦比再審更難得，既然蘇炳坤獲得特赦，在人們心目中就已經是清白之身了，希望蘇炳坤轉個念頭，因為就算開啟再審，蘇案已由總統特赦，法院應是判決「免訴」而不是「無罪」，並無法達到「法院判決無罪」的要求。對此高涌誠回應說，檢察官代表國家執行公權力，總統是國家最高權力者，既然總統已特赦蘇炳坤，一旦開啟再審，檢察官基於檢察一體，應該承認一開始就冤枉蘇炳坤而撤回起訴，如此也可還他清白；即使檢方不撤回起訴而由法院判決免訴，也算是達到蘇炳坤的目的。

審判長問蘇炳坤有什麼想補充的？他難掩激動，顫抖著聲音說：

「謝謝法官。我跟你說，我現在講，這是總統給我的清白，司法並沒有還我清白。從我三十幾歲到現在，事業什麼都沒有了。林檢察官也知道我冤枉，你在新竹地檢署當主任檢察官時，你到監獄的時候我也有跟你陳情，我都還記得。你老了，我也老了，你拜佛我也拜佛，人家說舉頭三尺有神明，我被冤枉成這樣，大家都幫我喊冤，這樣還不冤枉嗎？你們要將心比心……」

「如果重啟再審仍獲判有罪，是蘇先生能接受的結局嗎？」檢察官問道。

蘇炳坤整個人愣住了。他不明白這樣的討論是什麼意思，反問檢察官說：「你也知道我是冤枉的，為什麼還要阻止開啟再審？」

「我非常同情也贊同你的做法，但是我們現在是在討論制度。」

「我講給你聽……」蘇炳坤迫不及待地想解釋，卻硬生生被打斷：「這跟公共利益沒有關係。」

「檢察官的意思並沒有跟你對立，」王國棟法官出面打圓場，「有人說，世界上最美的經驗就是與人相遇。我們都是有緣，才能在這個地方見面……」

知道有人理解自己的心情，原本激動不已的蘇炳坤心情頓時穩定了下來。

「一個起心一個動念，甚至你也被判刑，判刑就是存在過。雖然是總統給你特赦，畢竟存在過，我們盡量把它周全，把它慎重釐清，好不好？」王法官的委婉勸說，讓蘇炳坤有點感動。林檢察官亦客氣表示，他願意用謙虛的態度共同討論，畢竟「檢察官是制度面的考量，對個案沒有意見」。

蘇炳坤點點頭，說，好，我知道。

這次開庭檢辯雙方一來一往，引發不少火花，不過對於特赦的定義、罪刑全免是否可以再審等議題，雙方仍沒有共識。最後法院接受律師團的建議，決定邀請法學專家提出意見。

二〇一八年一月十八日，最高法院破天荒邀請三位刑事訴訟法專家到庭陳述意見，分別是臺北大學法律系林超駿教授、政治大學法律系楊雲驊教授、成功大學法律系陳運財教授，希望釐清罪刑皆宣告無效的當事人是否可以聲請再審。三位專家證人各自表述，亦各有立場。

林超駿認為，赦免與再審是互補、併行而不悖的，蘇炳坤獲得特赦，而特赦是向未來發生效力，並不能溯及既往，可見蘇案本質上仍是有罪。換言之，特赦代表案件罪刑無效，但是原判決仍然存在，而判決是再審的標的，如果蘇案對新事證的認定符合規定，就應該准予再審。陳運財亦持相同看法，認為再審是人民特別救濟管道，一般免除刑罰都允許人民提再審了，如果只因特赦就不讓人民提再審，是「不當限制法律賦予的訴訟救濟」，他認為，特赦和再審不是「擇一」或「互斥」的關係，兩者可以並存互補，未獲特赦之人可以反覆聲請再審，已獲特赦反而不能聲請再審，是不當限制人民權益。最後陳運財感性地說，希望大家能跳脫理論與法律見解的爭議，瞭解蘇炳坤的冤屈，不應只就抽象的法理解釋，而捨棄了蘇炳坤維護個人尊嚴的機會。

坐在臺下的陳色嬌聽了頻頻點頭，說，這個教授說得很好，有打動我！

不過楊雲驊卻持相左意見。他認為，如果准予再審會產生兩個問題：一是侵害總統特赦權，特赦權是為了糾正司法錯誤，原判決罪刑都失去了效力，再審標的就已經不存在，如果再審法官仍判有罪，可能會導致憲政危機。二是霸凌司法的疑慮，因為社會已認定蘇炳坤無罪，名譽也因為特赦而回復，如果開啟再審的話，將框住未來高院獨立認定事實、適用法律的權限，可能產生侵害司法獨立、霸凌司法的結果。

那些詰屈聱牙的專業術語，蘇炳坤聽不懂，也不想懂。他只想知道，法官是否瞭解他的冤屈？他有沒有獲得再審的機會？他很想說點什麼，審判長卻告訴他：「今天討論的是法律，法律你是外行人，我可以讓你講話，但不能讓你講太多，因為今天不關你的事。」

事後蘇炳坤接受訪問時憤憤說道：「我要的是無罪判決！小時候父母老師教我們，做錯事情要認錯，為什麼司法不認錯？我被害成這樣，我如果有罪，我不敢到處陳情，見笑死了。我已經六十九歲了，真毋甘願，我快崩潰掉了……要司法還我清白，真的有那麼困難嗎？」

清白的價值有多高昂？有罪的宣告有多沉重？訴訟的泥淖有多煎熬？蘇炳坤在這短短幾個月都體會到了。每天午夜夢迴，想到如果無法開啟再審，心情就更加複雜了。唉，不能再想了，想太多會瘋掉。

為了撫平面對未知的焦慮，陳色嬌特地跑到竹蓮寺抽籤，籤詩上寫著：「靈雞漸漸見分明，凡事且看子丑寅，雲開月出照天下，郎君即便見太平。」抽中了上上籤，讓蘇炳坤的心稍微安定了一點，只是底牌還沒掀開之前，誰也沒把握。

終於，傳來期待已久的好消息，開啟再審確定！這也是經總統特赦仍得以開啟再審的先例。最高法院發布的新聞稿是這麼說的：

最高法院受理檢察官不服臺灣高等法院對於蘇炳坤盜匪案，准予開始再審裁定，抗告主張原有罪確定判決，既經特赦，宣告其罪刑無效，再審標的已經不存在等情，今日駁回確定。

蘇炳坤係經法院判刑確定，總統特赦，蘇炳坤仍不甘心，聲請再審，於我國為首見的案件。

最高法院經專家諮詢後，經過審慎考量，認為再審和特赦，可以併行、互補、不相排斥。特赦雖使原判決主文宣告之「罪、刑」失效，但不溯及既往，且原判決事實、理由部分猶在，難謂完全等同無罪，又未能回復名譽，亦不符合刑事補償要件；而再審一旦獲改判無罪，則屬清白之身，具有上揭各種附隨效果。蘇炳坤雖已受總統特赦，但為其利益計，准予再審，仍有實益。外國案例，同此見解。

最高法院的這個決定，確立了兩個重點。

第一，「再審」與「特赦」可以併行而不悖。特赦之後是否可以開啟再審，一直是檢辯爭論的重點，雙方各有立場。最高法院肯認「再審」與「特赦」的互補關係，認為兩者不是二擇一，而是可以併行，就算經過罪刑全免的特赦，仍可提起再審，是非常難得的事。

第二，就是「罪刑全免」不等於「無罪」。最高法院認為，特赦使原判決主文宣告的「罪」、「刑」失效，但是沒有溯及既往，原判決的事實與理由仍在；而且特赦並不符合刑事補償要件，認為總統特赦不等於無罪判決。另外，如果蘇炳坤經由再審獲得無罪判決，除了能透過司法程序還他清白，也可就無罪判決進行刑事補償訴訟。

在既有司法制度運作之下，決定開啟再審，遠比緊閉再審大門要困難得多，正因如此，決定重啟審判顯得如此不尋常，也讓這起官司的攻防層次又往上推了一階。

這是個值得慶賀的時刻，是個剛要啟動司法轉型正義的歷史時刻。蘇炳坤不知道未來的命運將會如何，只知道過去的他還來不及覺察司法暴力的殘酷，就硬生生撞上了它。現在的他只能盡其所能地反擊，直到司法的亮光升起，照亮一切的黑暗，讓他得以看清自己身在何方。

七、法庭攻防

意外的證人

終於決定再審了，蘇炳坤鬆了一口氣，也緊張地喘不過氣。他一直在黑暗中勇武抗爭，如今像是在隧道盡頭看見一點亮光，但還是很難安下心來。一個清白之人被打進地獄卻怎麼樣也爬不上來的感覺是什麼，他在這方面有著豐沛的實務經驗。

確定開啟再審後，臺灣高等法院進行了兩次準備程序庭，對於檢察官是否要撤回上訴、做無罪論告或為其他主張，若不撤回上訴要做什麼主張，以及有何新證據要提出等議題進行討論。

承審法官林孟皇率先詢問檢察官的追訴立場，蒞庭檢察官張介欽表示，經過討論及衡量全案卷證，檢察官將採取無罪論告。林法官進一步詢問，如果合議庭判決被告無罪，檢察官是否會上訴？張檢察官說，基於監督審判的立場，如果在認事用法上有出錯，仍會提起上訴，但不會針對無罪判決提起上訴。

檢察官做無罪論告是極為罕見的事。關於這點，因高涌誠轉任監察委員而接手律師團召集人的尤伯祥律師表示，檢察官能以無罪立場論告，表示他們已經脫離單純的訴追角色，成為稱職的公益代表了。參與過江國慶、徐自強等冤案的尤律師有如將法庭延伸成轉型正義的戰場說：

「本案案發時仍處於威權統治末期，根據許多過往司法案件可以看出，當時刑求是很普遍的事，許多案件當事人遭受刑求，卻沒有機會為自己平反。因此查明刑求相關情節，讓蘇炳坤有機會在法庭公開說出刑求遭受的種種痛苦，也是轉型正義所談的真相的要求。」

是啊，轉型正義不該只是司法平反或發放補償金，從非人化的壓迫中存活下來的受冤者的故事必須被敘說、被聽見、被看見，讓大家知道發生了什麼，才是社會和解的開始。

這次開庭，林孟皇法官提出一個很有意思的命題：如果本案經過詳細審理，認為蘇炳坤無罪的話，是要給予免訴、無罪、還是其他判決？雖然檢方已表示要做無罪論告，也就是檢、辯雙方都主張無罪，可是林法官堅持這點具有討論價值，希望雙方都可以好好準備進行答辯，他說：「這是特定時空下才會出現的案子，未來不太可能、也不應該再次發生，因此我們更應該站在當事人的立場來思考本案……與其追求完美的法學理論，不如務實地解決這個問題。」

被理解、被相信的感覺，就像石壁縫隙透出微弱的希望光芒。聽了林法官這席話，蘇炳坤覺得心裡的痛被療癒了不少，一時情緒激動竟衝上前去，跪在法官面前哭喊著還他公道，讓現場很多人紅了眼眶。他知道常有人說他太愛哭，可是他已經不在意了，他不需要為了流淚而感到羞愧，因為眼淚見證了他承擔苦難的勇氣。

為了準備這次再審，救援團隊無不日思夜想找出法院不知道的「新證據」，來證明當年的判決錯誤。有人提到解鈴還需繫鈴人，既然案子是由郭中雄的自白所引發的，要不要傳郭中雄出庭，來證明蘇炳坤的清白？只是這是招好棋，還是險棋，沒有人有把握。贊成者認為，判決關鍵在於郭中雄的自白，如果能證明他是被刑求才亂咬蘇炳坤，傳他出庭作證才能釐清真相；不過反對者卻擔心，萬一郭中雄說出不利於蘇炳坤的證詞，豈不是前功盡棄？

任君逸、劉佩瑋、羅士翔決定跑一趟新竹，直接訪談郭中雄，瞭解郭中雄到底是怎麼理解這個案子的再說。

他們尋線找到郭家，郭中雄不在，他們留了字條及電話說明來意，卻遲遲沒有得到回音。任君逸、羅士翔不死心，第二次又登門造訪。這次他們總算見到郭中雄本人了，只是郭顯得十分不安，警覺心也很強。任君逸回憶說：

「那個時候我的感覺是他對人、對事充滿不信任，防衛心很強，一方面可能擔心蘇大哥會報復他，另一方面是他不信任司法，完完全全的不信任，一直重複說『一切都沒救了』、『臺灣司法就是這樣』。事後他同意出庭作證，我相信他是真的想幫蘇大哥，他願意出來作證，不是為了自己，他早就對自己的案件平反不抱絲毫希望了。我們問他很多事，他根本記不起來，不是不答，是真的想不起來。我相信他不是故意裝傻，而是刻意想遺忘這一切，這點跟蘇大哥截然不同。他答應出庭令我有點驚訝，我覺得他在三十年之後還願意出來作證，而且必須直接面對蘇大哥的情緒，還蠻有勇氣的。」

冤獄把蘇炳坤推入了深淵，他靠著自己一步一步慢慢爬上來，所幸案件也逐漸露出了曙光。但是郭中雄呢？他也是冤案的受害人，卻沒有蘇炳坤的機運與力氣，只能繼續為了生存而在世間浮沉。

七月二日，再審案正式進入審理程序。這天主要進行的是寶興銀樓老闆彭明基及郭中雄兩位證人的詰問。

一如往例，蘇炳坤與陳色嬌早早就到了法院，已經獲得平反的陳燕飛[1]與鄭性澤[2]也來為他加油打氣。蘇炳坤見到阿澤，不禁感慨地說：「唉，你被關進去的時候至少還年輕啦，不像我一大把年紀才關進去。」阿澤勸他看開點，別再想了，他又老話重提：「唉，刑求的事我全都記得，這種事，怎麼可能不記得？」這時陳色嬌無意間看到了郭中雄，雖然他戴著口罩，她還是認出來了。陳色嬌以為她應該要恨這個人的，當她看到郭中雄像是飽受驚嚇的動物，畏畏縮縮地站在一旁，忍不住說，唉，看到他這樣，心好酸，好好一個人變這樣，其實那時候他也被刑求……

1 陳燕飛與人發生行車糾紛，沒想到對方車上一名癌末患者不久過世，法院僅從死者家屬的證詞就判定他犯下傷害致死罪，判處七年六個月。他在蹲了苦牢八百多天之後，才透過平冤會的協助平反重獲自由。

2 臺中十三姨KTV發生槍擊案，鄭性澤被控持槍殺害警察，即使全案沒有他開槍的科學證據，凶器上也沒有他的指紋，法院仍判處他死刑。二〇一六年臺中高分檢聲請再審，二〇一七年臺中高分院改判無罪。

兩位證人對當年的事差不多都忘了。以寶興銀樓的老闆彭明基來說，銀樓登記簿的內容，在哪裡做筆錄，是不是認識郭中雄，年事已高且行動不便的他都記不清了。不過他認得自己的筆跡，解釋他的習慣是不會把每件金飾逐一秤重，而是將同一個人賣的金飾全部登記在一起，也不會特別記載花紋與花色。這點足以顯示他的紀錄有明顯瑕疵，不足以做為郭中雄自白的補強證據。

然後郭中雄上場了，這也是他三十年來首度為此案出庭。他看起來很緊張，對案發時許多細節也記不得了，唯有警察對他刑求的事仍歷歷在目。他說，他是偷竊金珍源銀樓被捕，警察要他承認其他搶案也是他做的，他不肯認，警察就動手了：

「我在那裡被刑（求），（他們）把其他銀樓被搶的都問我有沒有做，我說沒有，問不出來就送我去青草湖。他們用電話簿墊著拿槌子打我，也有灌水，手摀住嘴從鼻子灌水，我是躺著，幾分鐘我就受不了，一次就受不了了快斷氣，快活不下去。警察說，你沒交待清楚就繼續刑（求）。因為我以前跟他（蘇炳坤）要工錢好幾次，警察要我交待三個人，所以我講了蘇炳坤跟阿水，阿水是我編出來的。後來我有聽到他被刑（求）的時候大喊救命，一直說這不是我做的，我是冤枉的。」

「你在警詢時表示希望被判極刑，被處決，為什麼會這樣回答？」尤伯祥問他。

「因為我不想活了，感覺人活得很痛苦。他們很壞心，叫我多承認幾條，也是一樣的罪，我就跟他們講說所有的案子都是我做的。」

「你為什麼不跟檢察官說？」

「檢察官跟警察是同一條的。做筆錄時警察也在旁邊，我不敢說。後來檢察官問的時候，就有說被刑（求）了，可是檢察官不信。」

「你有把筆錄好好看過再簽名嗎？」

「沒有。那時候就抱著必死的決心，反正已經這個地步，就全簽了。」

「警察有沒有把筆錄念一遍給你聽？」

「沒有。」

「所以你不知道筆錄內容是什麼？」

「不曉得。」

「你知不知道蘇炳坤被刑求？」

「知道。」

「你怎麼知道？」

「他叫得那麼大聲。」

終於有人證明他被刑求了！蘇炳坤的目光直直鎖住郭中雄，感覺自己握緊了拳頭，胸口幾乎要迸裂開來。

那是被總統特赦後不久的事，他在舊家附近遇見郭中雄，身邊帶著個幼兒，應該是再婚以後生的孩子。他忍住快要爆怒的火氣叫住對方說，怪手，你還認得我嗎？對方愣了好一會，刻意壓低了頭，說，你認錯人了，帶著小孩匆匆離去。這回在法庭相逢，蘇炳坤憤憤地想，就是他，這個毀了他一切的人！他一直希望有機會跟郭中雄對質，如今機會終於來了，他悲憤問道：

「你咬我，把我害得這麼慘，如果我有做，你咬我沒關係，所以你今天要講實話，你在刑事組的時候是不是走來走去，我銬在旁邊，是不是有一個女的坐在那裡，你走過來跟我說，豬仔，我被人刑（求）到受不了，我才咬你，你是不是有講這句話？我欠你一萬塊工資，你卻把我害得這麼悽慘……請你憑你的良心說，你跟我說你是被刑（求）了受不了才咬我？你跟我說完後，刑警是不是繼續打你？」

郭中雄低頭不語。

「你在做筆錄的時候，警察在那邊一直改一直改，有沒有？」

「我沒有看，就直接簽了。」郭中雄說。

「你有沒有跟我說，你是被刑（求）了才咬我？」

「忘記了。」

「那時候你還跟警察說要，你要吃雞腿便當，有沒有？」

「忘記了。」

「忘記了？忘記了？」憤怒有如沸騰冒泡的水，讓蘇炳坤差點崩潰：「我一直相信人在做，天在看，我被你害成這樣……我當年只是欠你錢，結果你就咬我，你知道這毀了我多少年的家庭幸福？我每項代誌都記在頭殼裡，為什麼你每項代誌都忘記？照我以前的脾氣，我早就修理你了。做人要有良心，清清白白地來到這個世界，也要清清白白地離開，我再活也沒有幾年了，你一口咬定我是共犯，害慘了我的家庭，而你現在卻說什麼都忘記了，不知道？」他重重跌坐在椅子上，舉起雙手遮住眼睛，為了無法修補的一切而痛哭。

在場的蘇家大女兒阿萍不以為然地說，這個郭中雄什麼都說不記得，奇怪，最好他記性是有這麼差啦。陳色嬌感到不舒服，仍舊溫柔說道，不知道他是不是真的不記得了，其實也是有可能啦，因為他不是那麼聰明的人。

事後尤伯祥律師對媒體表示，刑求一直是法界不願意面對的真相，大家都知道有這回事，可是誰也不敢說。那時不只警察把刑求視為家常便飯，檢察官也有意或無意默認刑求，在這樣的司法環境底下，沒有一個人可以倖免，只要被捲進去，都是被害人。今天郭中雄的證詞，已經把當時不法取供的過程完整重建了，顯示這個案子不是只有一個被害人，而是有兩個被害人！

經過大半天折騰，蘇炳坤已經很累、很累了。任君逸想紓緩一下氣氛，開玩笑說，蘇大哥，你之前才說今天不會罵人，結果就罵出口了。尤伯祥說，這樣也好啦，說出來，心情比較舒坦。

蘇炳坤嘆口氣，搖了搖頭。開啟再審移開了壓在心中的大石頭，然而審理過程又勾起好多不堪的回憶，真叫人難受。羅士翔拍拍他的肩，說，看起來機會很大，應該沒有問題啦！蘇炳坤心想，但願如此。離開法院之前，他照例與平冤會的夥伴握手致謝，還特別對實習生說：「如果你們以後當上法官，希望你們可以查清楚每一件事情，不要讓任何人無辜受罪！」

三十年來經歷的不公與正義，困境與希望，彷彿都濃縮在這句話裡了。

※　※　※

七月十六日，結辯的日子。

前一晚是蘇家長孫生日，說好了全家一起聚餐。蘇炳坤推說身體不太舒服，要他們自己出去吃，一個人躲在家裡胡思亂想。

這段日子以來，社會大眾總算瞭解過去審案有多麼粗疏，證據又弱得離譜，這讓蘇炳坤稍感寬慰。可是對於某些事情，他還是很不滿，甚至覺得厭惡。當年警方辦案不力，檢方立場不公，不是很明顯的事實嗎？為什麼現在執法者還要問東問西，又不讓他暢所欲言？難道他們仍然懷疑他的清白？

他有時會忽然很有信心，有時又忽然很絕望。他知道自己是無辜的，可是那股絕望是一種不相信人家聽得懂、而且還相信你的心態，他對世界產生強烈的不信任。何況他聽過的壞消息太多了，不確定這次自己運氣會不會好一點。

這是最後一次開庭，陳燕飛、鄭性澤、陳龍綺、張月英[3]及林金貴[4]都來了。痛苦

3 二〇〇七年因機車車牌被員警記錯號碼，張月英被認定是車禍肇事者並被判刑確定。她花了十年時間奔走，自力打開再審大門，終於在平冤會的協助下為自己平反，獲判無罪。

4 二〇〇八年高雄鳳山發生計程車司機遭開槍殺害命案，檢警根據證人指認逮捕林金貴，車上採集的指紋並不是林金貴的，毛髮也無從證明為他所有，但法院仍認定殺人罪成立，判處林金貴無期徒刑。二〇一四年平冤會決定立案救援，二〇一七年法院裁定開始再審，二〇一八年判決無罪。但檢察官上訴，最高法院發回，目前仍於高雄高分院審理中。

的人認得出彼此，這群平冤會的「同學」跟他一樣，都是在走不下去的時候，透過民間救援行動重新展開人生，蘇炳坤很珍惜這份患難真情，見到他們來，心裡又篤定了些。

審判長先告知權利及處理相關證據，就進入本次的重頭戲：言詞辯論。檢察官在做無罪論告前先簡述案件經過，再將爭議性罪證逐一列出：

一、郭中雄自白的筆錄前後始終不一致，而且後來改口表示根本沒做，是被嚴刑逼供才承認。

二、陳榮輝夫婦指控前後不一致，最明顯的是他們起初沒提到搶匪一胖一瘦，是後來幾次偵訊才得出這樣的結論，可能是指認程序出了問題。

三、被視為扣案證物的寶興銀樓金飾，與金瑞珍銀樓失竊的贓物不論刻花、重量都不同，陳榮輝更因認領贓物被判詐欺罪。

四、按照郭中雄的說法，如果他要進入金瑞珍銀樓行竊，根本不必破壞銀樓的鐵窗。

檢察官指出，這些事證只能證明金瑞珍銀樓有被搶，陳榮輝有受傷，但是否能認定是蘇炳坤所為則有待商榷。

關於事實認定，檢辯雙方沒有歧異，都認為應下實體「無罪判決」，而不是「免訴判決」。劉佩瑋從法理及被告利益分析指出，本案若是做免訴判決，對蘇炳坤未必有利：第一，如果獲得無罪判決，可以登報澄清自己的清白，免訴的話則不行；第二，如果獲得無罪判決，可以直接請求刑事補償，如果是免訴判決，則必須在刑事補償訴訟中再次證明他無罪，這麼一來等於犧牲了能妥速審理的利益。

這次結辯還有個重點，就是刑求的問題。任君逸提及自己閱卷的經驗說：

「我當時去新竹地檢閱卷，閱到這一段是我印象最深的。郭中雄六月多被逮捕，之後七月二十三日跟二十五日，他媽媽一再向法院聲請勘驗他身上的傷，希望能夠釐清刑警有無屈打成招。但是當時新竹地方法院沒有做這件事，這雖然是不對的，但是可以被理解。在那個時代，新竹這個地方，由法院去審酌警方有沒有刑求逼供，對封閉保守的法院來講有一定的壓力……郭中雄請求的調查方法是驗傷，在第一時間這個可信度是非常高的，沒有調查很可惜。」

任君逸當庭出示蘇炳坤提供的刑求圖，表示這幾張圖是蘇炳坤委託他人畫的，完整呈現出當年青草湖派出所的狀況，包括木製屏風、大理石椅子，刑求時兩張鐵桌的位置，就連現場有隻狼犬都標示出來，再加上郭中雄的證詞，應可研判蘇炳坤沒有說謊。不過檢察官以經驗法則指出，認罪比較符合刑求的要件，被刑求卻不認罪，或許是過程遭受不對等或不好待遇，但是否已達刑求程度，仍有待查證。

尤伯祥從容不迫地以「刑求是全案的基調，既然因刑求而生，就應該在刑求結束」為起點，以時而感性、時而戰鬥氣息的雄辯，在法庭上侃侃而談：

「查清楚刑求的事實，這才是司法的任務，也是公理與正義的要求。卷宗裡面，每次開庭他們都呼喊被刑求……刑求，就是這個案子裡面的靈魂。蘇炳坤是被郭中雄咬出來的，被郭中雄的自白所牽連，但郭中雄何嘗不是刑求的被害人？站在公理正義的要求，郭中雄是否被刑求，也應該查清楚！」

「我們都活過那個年代，知道那個時代的氣氛，一個平民老百姓如果沒有確鑿的證據，我相信他不敢在法庭上跟法官這樣說。法官聽到了沒有？我相信他是聽到了，但是很遺憾的，他只聽了警方的說法，只有函詢警察局，把警員調到法庭裡面來問一問：『你有沒有刑求？』回來的答案當然千篇一律。一審法官當時的做法，完全就是那時的行情所在。但是今天回過頭來想，我們能接受嗎？我一向不能接受『那個時代有那個時代的做法』，所以我們要體諒那個時代，所以那個時代的事情就不要再論。正義的要求不是這樣。人要往前走，司法要往前走，我們現在不是在苛責過去的法官，這個案子裡面一審法官願意判無罪，我覺得非常佩服，畢竟那是一個講求高定罪率的時代。但是司法到了今天，就真的一定要去檢討這些事……但是一審法官的不作為，難道不應為此負一點責任嗎？這件案子最大的問題就是在刑求這件事，為什麼一審法官只聽警察的說法，在刑求的這個點上，查到這邊就結束了？他就只能做到這一點嗎？」

「我們曾經歷過白色恐怖，威權統治，在那個時期我不敢說遍地刑求，但警察的刑求與濫權是很普遍存在的事實，也是威權時期的常態。為什麼會這樣？因為不管是鎮壓政治犯，或是利用嚴刑峻法來維持社會秩序，都需要高定罪率，因為刑求取得自白，旁人還能有什麼意見？大家都被『壞人已經統統被捉起來』的錯覺影響，覺得自己很安全。其實在這種利用刑求與自白塑造出來的集體安全假象裡面，沒有人是安全的，除非你是權貴，否則你隨時也有可能成為下一個被捉去做為社會安全感祭品的代罪羔羊。在那個年代，法官根本沒有能力、也沒有時間好好把刑求調查清楚，這也是我的理解。但也就是因為這樣，刑求在法界成了一個不能明說的佛地魔，甚至是不可以查清楚的佛地魔，這是很可惜的事。」

「隨著民主轉型，刑求的真相逐漸呈現在世人面前。邱和順案有刑求，蘇建和案有刑求，徐自強案有刑求，江國慶案有刑求，鄭性澤案也有刑求，我想刑求曾經是這個島上普遍存在的事實。這麼多年接辦了這麼多案子之後，我慢慢能夠體會，刑求不只有存在於政治案件，一般案子裡也經常存在。今天我們可以不去苛責一審法院，但我們的司法終究要面對這個過往，什麼樣的過往？就是我們縱容國家暴力的過往。縱容國家暴力，是司法不受人民信任的重要原因……查明蘇炳坤案的刑求，是司法能夠真正轉型的必經歷程，只有這樣，司法才能真正重生，在一個個案裡面重生，而且能夠面對國家暴力過去被司法掩護、甚至縱容的過往，這才是司法重生的關鍵！」

反省體制在威權統治時期犯下的錯誤，讓更多受害者的傷被看見、被訴說，讓旁觀者同理他們的處境，是轉型正義最需要做的事。透過訴說蘇案的歷史，還原真相，打破威權，追究責任，不就是最好的機會嗎？

審判長看向蘇炳坤，「蘇先生，你有什麼想要陳述的？」

蘇炳坤深吸一口氣，鄭重地說明他的心情：

「我太太坐在那裡，如果沒有我太太，我就完了。我的兒女都很乖，孫子也很乖。在現場（打得）最累的張瑞雄已經死了，朱崇賢也死了，王文忠生病。我不是要詛咒人，我常常去拜觀音佛祖，我的眼淚就流下來，我有罪，我就不敢去拜了，法官，是不是這樣？我不求什麼，只求我的子孫平安。」

「請法官維持一審無罪判決，讓我清清白白。老實說，我到現在還不知道我為了什麼站在這裡，我為了自己來辯論，為自己來找證據。你去新竹探聽，比較老的人就知道這個案件很冤枉，大家都知道，不是我自己在說。我是實實在在的人，你看我有多痛苦，我被捉去一直打，我不知道什麼事，請法官為我主持公道！」最後，他向前深深一鞠躬：「感謝三位法官及檢察官，祝你們代代出好子孫！」

在眾人訝異的眼光中，他用身體與言詞為這場結辯畫下了驚嘆號。

※　※　※

八月八日父親節，也是宣判的大日子。臺灣高等法院周遭被新聞採訪車、衛星直播車、攝影師、記者圍得水洩不通，路過的人紛紛圍攏過來，好奇這番騷動是怎麼回事。

時間還沒到，法庭座位很快就坐滿了人。蘇炳坤全家都來了，身邊還圍著眾多親朋好友、平冤會的「同學」及志工。大家既興奮又緊張，但是要慶祝還太早，沒有人敢大意。

開庭之前，蘇炳坤對前一天才獲判無罪的林金貴說，我一點都不開心，那是司法欠我的，我不欠司法什麼，對不對？他轉頭跟平冤會的朋友說，我等一下可以跟記者這樣講嗎？他們笑笑說，當然可以啊！

三位法官坐進法官席。審判長周盈文先說明這次開庭具有歷史意義與教育價值，特別開放媒體進入全程錄影，並可進行即時報導。這場歷史性的判決，不只關係著蘇炳坤有罪或無罪，更將影響臺灣民主法治的未來。蘇炳坤做好了心理準備，覺得該來的終於來了，並沒有太慌亂。陳色嬌兩手交握，在心裡向佛祖禱告。蘇家兒女也都是兩手交握，祈求一切順利。

周審判長鄭重宣布，蘇炳坤身上所背負的罪名從此一筆勾銷，他無罪了。聽眾間頓時響起如雷的掌聲與歡呼聲。陳色嬌與孩子相擁而泣，又好好哭了一回。

接著周審判長發表了一段令人動容的話，他說：

「沒有任何證據可以證明，蘇炳坤先生有參與新竹市金瑞珍銀樓的搶劫和故意殺人的犯罪行為，雖然他曾經遭判刑確定，但他是被冤枉的。造成本件司法冤案的原因有三個，第一個，警察機關急於破案，便宜行事，不當取供，導致郭中雄做出不實的供述；第二個，檢察官沒有善盡偵查的責任，對警察機關所移送的卷證資料照單全收，並且草率起訴；第三個，本院的前審以及最高法院沒有落實無罪推定原則，對於本件相關證據的任意性，以及真實性都沒有詳細調查，造成冤案。以上辦案的疏失導致蘇炳坤先生被冤枉，飽受煎熬，長達三十二年，本院在此要對蘇先生這段時間來所受的苦難，表達同情跟不捨。同時也要跟蘇先生報告，近年來不論警察機關或是檢察系統，或是法院審判系統，對於犯罪的偵查與審判，都有明顯與長足的進步。蘇先生，你的委屈及苦難會換來進一步的司法改革，我們會從你這個案件記取教訓，引以為戒，更加落實人權的保障。」

正義有時會遲到，但它終究還是來了。

陳色嬌不斷地哭泣，也不斷地向神明感謝，一遍又一遍，感謝祂們一路護持。虔誠的信仰支持她熬過了先生蒙受冤屈的惡夢，她的祈禱得到了神明的回應，她心裡默念了好多禱詞，而後又哭了。

平反得靠著大大小小的行動慢慢累積，才能得到愈來愈多人的支持。這場歷時三十多年、有如信念的接力賽，一路上有著李文傑、林家琛、彭南雄、司改會、台權會、台灣冤獄平反協會許多幹部與志工的身影。他們選擇了原本不屬於自己的十字架，毅然決然地扛了起來，如今，他們真的成功了。

在這份判決裡，法院特別花了相當篇幅說明蘇炳坤被刑求的方法，甚至附上蘇炳坤提供的刑求圖，這是前所未見的事。為什麼要這麼做？交大金孟華教授如此解釋：

> 為什麼法院要這麼鉅細彌遺地說明刑求的方法與過程？這是因為一般人通常不太相信錯誤自白會發生。蘇炳坤案涉及的罪名是強盜殺人罪、鄭性澤案涉及的是持槍、殺人罪，兩者都是足以處極刑的犯罪行為，一般人會認為，一個無辜且理性的人在這種情況下，怎麼可能冤枉自己？或者把自己暴露在這麼高的法律風險當中？或許也會有人認為，只要自白了，就應該是真正行為人，但鄭、蘇兩人會無罪，完全是法律上不容許不正訊問產生的結果。
>
> 在人們的生活經驗中，很少會接觸到像刑求這種如此高強度的事件，多數人對刑求的認識可能僅止於連續劇《包青天》的內容，因此恐怕無法設身處地站在被刑求人的角度，來評估自己是否在相同條件下也會屈服。正因為刑求距離一般人是如此地遙遠，無怪乎法院要用龐大的篇幅說明刑求的事實。
>
> ……我國《刑事訴訟法》雖然針對不正訊問有嚴格的規定，但是上述這些新觀念

在我國則仍處於萌芽階段。當我國逐漸「出清」傳統刑求的冤錯案的同時，也應該開始思考下一階段應如何更精緻化訊問程序，避免錯誤自白繼續發生。[5]

宣判無罪的那一刻，蘇炳坤發現眼睛所見的世界平靜地不可思議，一切都如往常，好像什麼都沒變，但是從家人與平冤夥伴興奮的表情來看，一切似乎都變了。他不斷地向合議庭鞠躬說，謝謝，謝謝，在眾人簇擁下慢慢朝法庭外走去。

他全身沐浴在清新的空氣與和煦的陽光之下，嘈雜的市聲重新進入耳膜，他慢慢睜大眼睛，視線都模糊了。他站在一個舊時代的終點之前，也是站在另一個新時代的起點，他不幸承受了深重的苦難，也有幸參與了歷史的進程。他下意識地搖搖頭，一方面是因為腦袋不聽使喚，一方面是千言萬語不知從何說起。

記者問他，你現在的心情是什麼？他說，他一點都高興不起來。他是自由了，平反了，可是心裡卻空蕩蕩的，覺得一點都不實在。

他想起羅秉成提過日本的「足利事件」。九〇年代日本足利市發生過一起女童命

5〈清者自清？刑求取供下的錯誤自白〉，金孟華，ETtoday新聞雲，二〇一八年八月十一日，https://www.ettoday.net/news/20180811/1232365.htm。

案，菅家利和因DNA鑑定被判斷是凶手，被判處無期徒刑。日後隨著研判DNA技術的進步，才發現菅家利和並不是凶手，可是他已為此坐了十七年半冤獄。二〇一〇年日本宇都宮地方法院法官宣告菅家利和無罪時，特別代表司法部門公開表示：「我們一直不傾聽真實的聲音，而剝奪了你十七年半的自由，真的是非常抱歉，」說完，三位法官起立鞠躬道歉。[6]

日本的場景，果然只能在日本發生，那麼臺灣呢？

周審判長表現出來的遺憾十分飽滿，蘇炳坤充分感受到了。可是他不明白，這個國家的司法系統失靈了，環節鬆脫了，難道沒有人需要負責嗎？這三十年來他所承受的不公不義，原來輕易可以被避免，這些人別的不給，簡簡單單一句對不起，總該有吧？

究責

冤案受害者最在意什麼，賠償嗎？不是，而是渴望有個交代，給個說法。只是幾年過去了，至今蘇炳坤仍沒有等到任何隻字片語，關於道歉。

冤案不是平反之後就結束了，它是需要沉澱與思考的。但外界經常把冤案當電影情節看，既然最終有了完美的結局，似乎也就夠了，至於平反過程所帶出的司法失能與錯誤，始終乏人問津。沒有人認真追究問題出在哪裡。

平冤會前理事長、現任政務委員羅秉成寫過一段話：

我們多半強調如何正確地適用法律，以期求得正確的判決，卻鮮少從「司法錯誤」的反向角度去理解刑事訴訟程序存在的價值。其實，刑事訴訟是一部高度建制化的「防錯機制」，從偵查起訴到法院判決定罪前，每個程序、每個步驟都寓有刑事司法權的內在監督制衡功能，環環相扣，避免「走鐘」。不過再怎麼小心翼翼，仍難免犯錯……所以刑事訴訟還設計了勾針回補的「除錯機制」，也就是可以啟動非常救濟機制——刑事再審或非常上訴程序，以濟其窮……但為何冤案仍然不斷？令人氣餒的是，應該不可能有完美的答案可以解決這道永恆的難題。因為冤案會少不會絕，道理在於會犯錯的是人，而且不見得人會勇於面對自己犯下的錯誤。務實地說，

6 見《冤罪：一個冤案被告對警察、檢察官和法官的控訴》一書，菅加利和、佐藤博史著，民間司法改革基金會譯，角川書店，二〇一三。

減少冤案比的不是防錯或除錯機制誰的比較完美，而是誰的「糾錯能力」比較強。糾出冤案的能力事在人為，但若沒有「知錯能力」，豈可奢言糾錯？……冤案沒先被發現，就不可能被看見，而冤案不可能全部被發現，冰山下的冤案黑數又如何可能盡掘，這又是一道無解的難題。原來平反冤案要靠的是運氣，不是正氣。[7]

很顯然的，蘇炳坤的平反靠的就是運氣，而不是正氣。如果不是楊錦同的生死相挺，彭南雄的鍥而不捨，林家琛的仗義直言，以及一路上無數協助他、識與不識的熱心友人，他的冤情很難水落石出。

照理說，郭中雄的自白不能做為蘇炳坤有罪的唯一證據，更何況他是被刑求才咬住蘇炳坤，這樣的證詞當然並不可信。問題是誰能證明他們被刑求？通常被告聲稱被刑求，法官只是傳訊或去信要求警調單位回覆「是否對被告刑求逼供」，至於警調單位當然不可能承認刑求被告。因此遭受刑求的抗辯常被認定為「不足採信」，而在偵訊中被迫做的自白，就像緊箍咒一般，讓人再也難以翻身。

從戒嚴時期至今，檢警輕率辦案、甚至刑求逼供，導致無辜者坐冤獄的情況偶有所聞，但我們從來沒有、也不可能具體統計出冤案有多少件，更不曾系統性地分析與

行竊銀樓手風不順

藏身紙箱·咳嗽壞事

潛逃途中·觸動警鈴

【新竹訊】強盜嫌犯郭中雄前晚潛入新竹市金珍源銀樓行竊，適主人返家，他躲在一個紙箱裡達五個小時，因咳嗽露出馬腳被捕。他供出曾和蘇炳坤搶劫金瑞珍銀樓，但蘇炳坤否認涉案，警方正深入偵辦。

警方調查，新竹市北門街金珍源銀樓老闆李文宗（卅一歲）前天晚上十時四十分銀樓打烊後，他在三樓房內發現可疑腳印，懷疑有竊賊潛入，打電話向北門派出所報案。但是沒有發現賊蹤。

昨天凌晨一時二十分，李文宗隱約聽到二樓他母親房內有咳嗽聲，乃下樓查看，打開上面覆蓋一床棉被的大紙箱，赫然發現裡面躲了一個人，嫌犯郭中雄（卅五歲）見行跡敗露，丟下手上拿著的一把大鐵剪，推開紙箱逃走。郭中雄逃到附近中山路新竹第二信用合作社內藏匿，因觸及二信防盜警鈴，保全公司及警方人員均趕到，逐房搜查後，在床底下揪出郭中雄。

警方發現，邪中雄的犯罪手法與三月廿三日南門街金瑞珍銀樓強盜相似，經反覆偵訊，他終於供出和蘇炳坤（卅六歲）搶劫金瑞珍銀樓。

警方根據邪中雄供詞，昨天清晨今時十分在東大路蘇炳坤家中將他捕獲，不過他矢口否認涉案。

涉及金瑞珍銀樓強盜等案的郭中雄（左）和蘇炳坤（右），以及被起出的犯案工具和贓物。（本報記者張柏東攝）

一九八六年六月二十日《聯合報》報導新竹市警方宣布破獲金瑞珍銀樓搶案。蘇炳坤刻意被摘掉了眼鏡，好與被害者對犯人的印象相符。圖片授權：聯合線上。

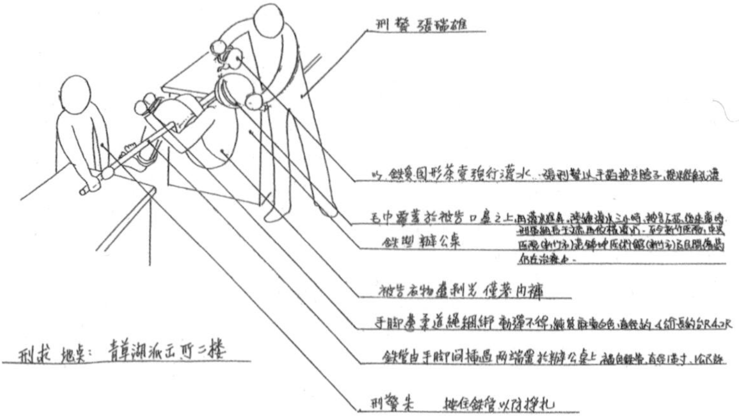

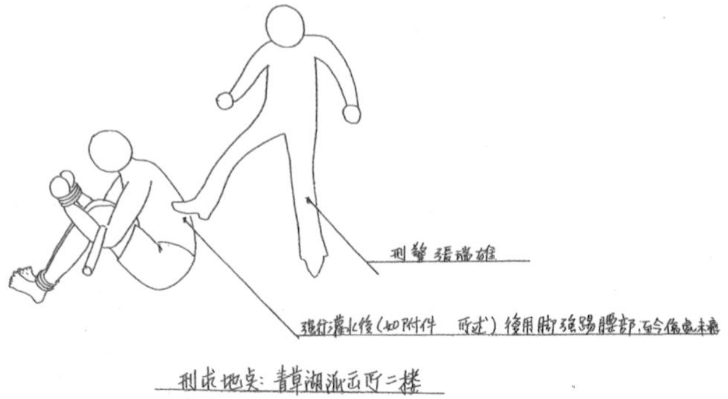

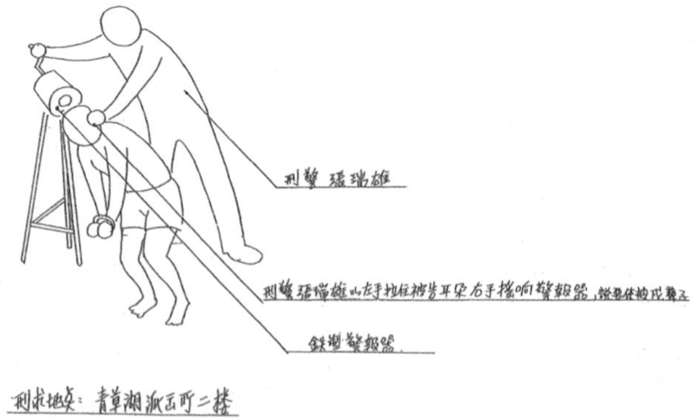

事發多年以後，蘇炳坤央請友人繪製了當年自己被刑求的慘況。
圖片提供：台灣冤獄平反協會。

中華民國八十六年六月八日 星期日　聯合報　焦點 3

《奇案主角專訪》「事業沒了、健康沒了、太太從老闆娘變成女工、孩子一個個輟學……」

蘇炳坤問天：為什麼被冤枉的人是我？

曾經向別人說冤枉我

要我一面逃 一面上訴

他們相信我是冤枉的

一審判無罪 二審判有罪

犯罪動機 被告行為原因 法界最易忽略

「非常上訴」與「再審」難走的兩條路

日本的「白鳥決定」台灣有嗎？

桃園地檢署主任檢察官 昨天趕到新竹蘇家拿出一萬元……

彭南雄：證據，讓我相信是冤案

蘇炳坤案三次非常上訴理由與駁回理由比較表

一九九七年六月蘇炳坤被逮捕後，接受《聯合報》記者林家琛專訪，道盡多年來的辛酸。圖片授權：聯合線上。

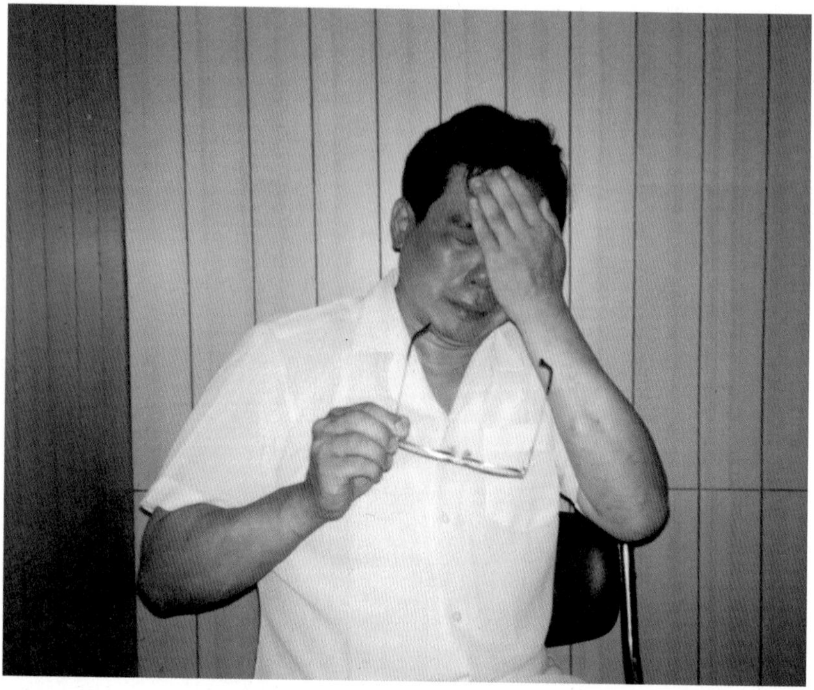

被捕後面對恩人林家琛，蘇炳坤不禁泣訴自己遭受的冤屈。圖片授權：聯合線上。

地檢署門前上吊 老翁死諫

新竹市民楊錦同為義子喊冤八年 自殺抗議 送醫急救仍昏迷不醒

替義子蘇炳坤喊冤的楊錦同，原本在地檢署門口，昨天中午突然在地檢署門前大樹上吊自殺，送醫尚未脫離險境。 記者林家琛／攝影

【記者林家琛／新竹報導】七十三歲的新竹市民楊錦同認為蘇炳坤未涉及銀樓搶案卻含冤入獄，除收蘇炳坤為義子外，並四處陳情，抗議司法不公，希望為義子平反未果，昨天中午並在新竹地檢署門口上吊自殺，經法警救下送醫急救，至深夜仍昏迷不醒。

蘇炳坤七十五年間因同案被告、昔日所雇用的郭姓工人指證他涉及新竹市金瑞珍銀樓強盜殺人案，被判刑十五年，蘇炳坤不服高院判決逃亡十年，到處陳情，今年六月間被捕，目前在新竹少年監獄服刑。由於監委翟宗泉及法務部常務次長謝文定等人認為蘇炳坤被冤枉的可能性極高，但蘇炳坤冤屈疑案歷經三次非常上訴及二次再審，仍未平反。

從電力公司退休的楊錦同與蘇炳坤不相識，獲知蘇炳坤的冤情後，收蘇炳坤為義子，八年前開始四處陳情，替蘇炳坤喊冤，非常熱心。他為了讓各界知道蘇炳坤冤屈案，六年前即曾在新竹地檢署門口絕食，抗議司法不公，並在門口上吊被救下。

前天上午十時許，他再持布條到新竹地檢署門口，要求見院長、檢察長、檢察官與法官，被法警勸阻，隨即席地睡在地檢署招牌下，揚言「不還蘇炳坤清白，將要死諫，不吃不喝」，法警與書記官多人見狀，勸他回去，楊錦同仍不為所動。

昨天中午十二時卅五分，楊錦同拿出紅色塑膠繩，再次在地檢署門口的大樹上吊，法警見狀立即打電話通知救護車，並將楊錦同救下，送省立新竹醫院救治。

楊錦同送醫時昏迷不醒，急救後也未甦醒，在加護病房觀察，醫院告訴他太太楊錦蘭「獲救的機會已不大」。楊錦蘭表示，家屬都不知道楊錦同要死諫。

蘇炳坤意外被警方逮捕，義父楊錦同有感於司法不公，憤而自殺。圖片授權：聯合線上。

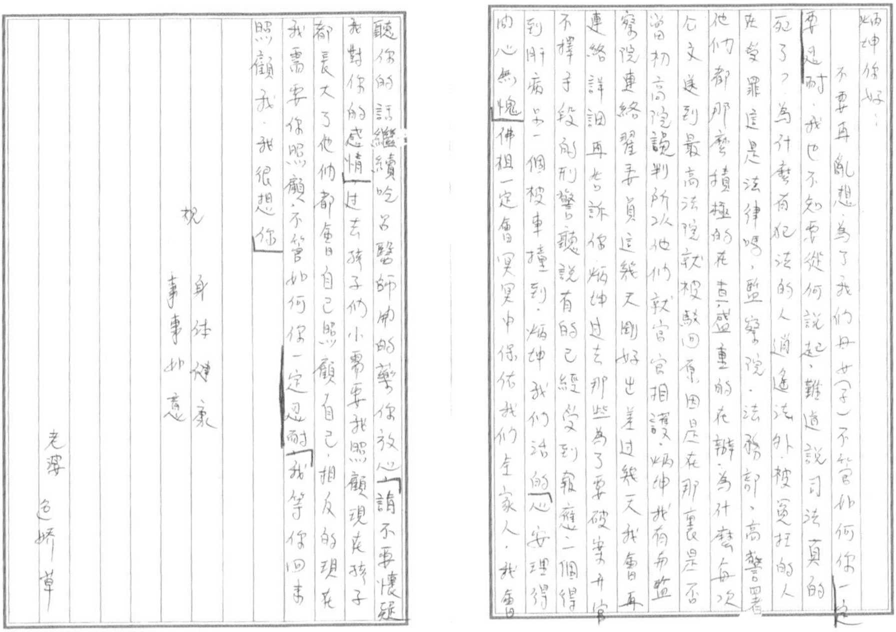
炳坤你好：
不要再亂想，為了我們母女(子)不管如何你一定要忍耐，我也不知要從何說起，難道說司法真的死了？為什麼有犯法的人逍遙法外，被冤枉的人在受罪這是法律嗎，監察院，法務部，高警署他們都那麼積極的在查，盡量的在辦，為什麼每次公文送到最高法院就被駁回原因是在那裏是否當初高院誤判所以他們就官官相護，炳坤我有向監察院連絡翟委員這幾天剛好出差过幾天我會再連絡詳細再告訴你炳坤过去那些為了要破案升官不擇手段的刑警聽說有的已經受到報應一個得到肝癌另一個被車撞到，炳坤我們活的心安理得內心無愧佛祖一定會冥冥中保佑我們全家人，我會聽你的話繼續吃呂醫師開的藥你放心，請不要懷疑我對你的感情，过去孩子們小需要我照顧現在孩子都長大了他們都會自己照顧自己，相反的現在我需要你照顧，不管如何你一定忍耐，我等你回來照顧我，我很想你

祝 身体健康
事事如意

老婆 色嬌 草

蘇炳坤入獄期間，妻子陳色嬌的家書是他最大的慰藉。圖片提供：台灣冤獄平反協會。

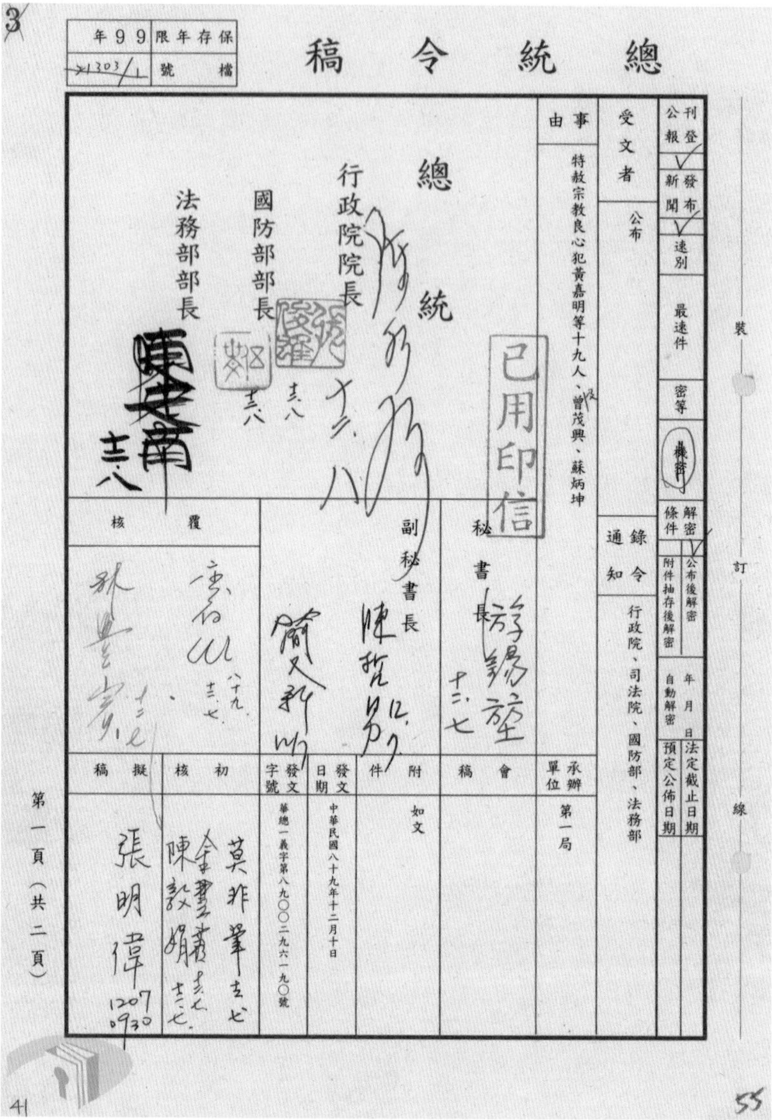

總統令稿

保存年限	99年
檔號	×1303/1

刊登公報	✓
發布新聞	✓
速別	最速件
密等	
解密條件	
受文者	公布
事由	特赦宗教良心犯黃嘉明等十九人、曾茂興、蘇炳坤
通知錄令	行政院、司法院、國防部、法務部
承辦單位	第一局
附件	如文
發文日期	中華民國八十九年十二月十日
發文字號	華總一義字第八九〇〇二九六一九〇號

總統

行政院院長

國防部部長

法務部部長 陳定南

已用印信

秘書長

副秘書長

核覆

會稿

核初

擬稿

第一頁（共二頁）

二〇〇〇年的世界人權日，甫上臺的陳水扁總統在法務部長陳定南的建議下特赦蘇炳坤。圖片提供：台灣冤獄平反協會。

中華民國一〇六年九月二十日　星期三　聯合報　社會 A16

特赦不足以還清白

高院間接開放「法庭直播」
法官感嘆「審判不能求快」

蘇炳坤案裁准再審

蘇炳坤（右）被控搶銀樓被判刑十五年定讞，獲特赦後蘇聲請再審，堅持司法應還他清白。高院昨天裁准，蘇炳坤在法庭內不斷拭淚。　記者蘇健忠／攝影

【記者王宏舜、曹馥年／台北報導】家具行老闆蘇炳坤卅一年前被控搶劫銀樓而遭判刑十五年，囚禁了九四三天後獲特赦；蘇認特赦只是免刑，聲請再審求清白。台灣高等法院昨天宣示裁准，並破天荒讓媒體拍攝，間接達成「法庭直播」；蘇拭著淚，懇請檢方別再抗告，他已「受苦受難卅一年了」。

審判長周盈文昨在宣示時指出，總統的特赦是「向將來發生效力」，蘇炳坤仍有對原確定判決尋求非常救濟的法律上實益，有權聲請再審。

蘇炳坤昨說，「我是清清白白的」，當時卻被警察帶到青草湖刑求、灌水，至今他仍不敢回想，常常想到就落淚。蘇聽到「准予開始再審」時，頻頻鞠躬、致謝。

受命法官林孟皇有感而發：審判不能求快，錯誤的審判可能造成真正犯罪的人逍遙法外。

一九八六年三月廿三日凌晨，新竹金瑞珍銀樓發生搶案，警方事後逮捕「主嫌」郭中雄，郭咬稱蘇炳坤是共犯。檢方起訴郭、蘇兩人。同年十二月，高院依懲治盜匪條例共同強劫而故意殺人未遂罪判郭、蘇各有期徒刑十六、十五年，翌年最高法院駁回上訴確定。

郭中雄曾是蘇炳坤雇用的員工，兩人曾因薪資問題不快，郭被捕後咬出蘇共犯本案；蘇認為是郭積怨才構陷他，判決確定後，自認遭冤的蘇逃亡，檢方傳喚、拘提無著，發布通緝。蘇在服刑期間，高檢署曾四度為他聲請再審，檢察總長也四度聲請非常上訴，二〇〇〇年總統陳水扁特赦蘇，「罪刑都宣告無效」。

陪伴先生走過卅一年申冤路的蘇妻陳色嬌，昨天緊握先生的手，紅著眼眶表示，「真正犯法的人消遙法外，一個無辜的人被抓來抵罪。我們好好一個家庭，家破人傷！」她說，「那種痛無法形容」。

昨天裁准再審後，蘇炳坤與妻子拿著太陽花站在高院門口，兩人眼眶泛淚。回想卅一年被控搶劫、逃亡躲藏、四處申冤歷程，蘇炳坤緊握太太的手說：「如果沒有我這太太，真的…」隨後哽咽地說不下去。

二〇一七年九月，高等法院裁定蘇案開啟再審，蘇炳坤情緒激動不已。圖片授權：聯合線上。

得知高等法院裁定蘇案開啟再審，彭南雄手指天空，欣慰地表示：「青天在上。」圖片提供：台灣冤獄平反協會。

二〇一八年八月，高等法院宣判蘇炳坤無罪，蘇炳坤接受媒體聯訪，卻絲毫沒有喜悅之情。圖片提供：台灣冤獄平反協會。

歸納冤案的成因。

回顧這些年較為人熟知的冤案，幾乎都涉及刑求情節，包括：

邱和順案（一九八七年）

臺北市刑大隊逮捕邱和順等十二人，指控他們犯下新竹學童陸正綁架案，另外邱和順等人還被控犯下苗栗縣女保險員柯洪玉蘭分屍案，只是警方指控的根據只有被告自白，而且是在刑求之下被迫承認的自白。一九九四年，監察院調閱上百捲錄音帶，終於找到警方刑求的錄音，揭開他們對被告口鼻灌水、灌汽油、拳打腳踢、倒吊、坐冰塊寫自白的事實，進而彈劾陸正案相關檢警人員。這也是臺灣少數被刑求有錄音證據的案子。最後四名警察因刑求被告遭判決有罪，但即使如此，法院仍認為所有被告均有罪，並於二〇一一年判處邱和順死刑。至今民間團體仍在努力救援邱和順。

7〈司法脫線　正義離線〉，羅秉成，《路人變被告：「走鐘」的刑事司法程序》，頁二二六～二二七，Brandon L. Garrett著，張芷盈、何承恩譯，新學林，二〇一七。

蘇建和案（一九九一年）

蘇建和、劉秉郎、莊林勳以參與汐止吳銘漢夫婦命案的罪名遭到逮捕，但命案現場只找到主犯王文孝的指紋，並沒有他們三人的鞋印、指紋或毛髮。汐止分局刑警以甩巴掌、電話簿墊胸口用鐵鎚敲、脫光衣服坐在大冰塊上吹電扇、用毛巾捂住口鼻再灌水、灌尿、甚至是灌辣椒水、以電擊棒電擊下體等酷刑，迫使他們承認犯罪，最後被判處死刑。檢察總長陳涵提出三次非常上訴，皆遭最高法院駁回。民間發起大規模救援行動，直到二〇〇〇年臺灣高等法院裁定開始再審，歷經十二年「再審無罪↓發回更審↓再更一審死刑↓發回更審↓再更二審無罪↓發回更審」，終於在二〇一二年三人才獲判無罪。

江國慶案（一九九六年）

空軍軍人江國慶在遭軍方連續三十七小時疲勞訊問及刑求逼供，在非自願情況下寫下自白書，承認犯下性侵女童殺人案。後來他翻供表示是被刑求才做出不實自白，仍遭軍方判處死刑。二〇一〇年，監察院完整揭露江國慶遭到刑求的事實，臺北地檢署重啟調查，認定江國慶與本案無關，他的自白犯罪筆錄也是刑求取得，整起案件才獲得平反。軍方承認誤判，判賠江家一億多元，但參與刑求江國慶的軍官因追訴權時效已過，全部獲得不起訴處分。

謝志宏案（二〇〇〇年）

謝志宏與郭俊偉被控以利刃刺死臺南歸仁鄉一對男女，警方在郭俊偉家搜出凶器與被害人手機，凶器上並沒有謝志宏的指紋，他的衣物與機車也找不到被害人血跡反應。謝志宏前兩次接受警詢時親口承認殺害死者，日後在律師陪同下進行第三次警詢時，翻供聲稱他是遭到警方腳踢踹腰部及長時間疲勞偵訊，才不得不胡亂承認，但這樣的說法未被法院採信。最高法院要求勘驗警詢錄音，結果那兩次的警詢錄音與錄影檔「剛好」都消失了。二〇一八年檢察官為謝志宏聲請再審，二〇二〇年臺南高分院撤銷原判決，宣判無罪。

鄭性澤案（二〇〇二年）

臺中十三姨KTV發生槍擊案，鄭性澤被控持槍殺害警察，但全案既沒有他開槍的科學證據，凶器上也沒有他的指紋。根據病歷記載，鄭性澤被捕時只有左小腿受到槍傷，但在接受警察詢問後卻出現左眼瘀血、左大腿外側瘀青等傷勢，錄影帶也清楚可見他左眼浮腫的模樣。根據鄭性澤的自述，警察對他灌水、電擊、踢打等，迫使他做出不實自白，但法院仍以他的自白做為判決依據並判處死刑。經過民間團體積極救援，二〇一四年監察院提出調查報告，認定鄭性澤遭到警察刑求，又經檢察官疲勞訊問，長達十小時沒有休息，顯然違反自白任意性法則。二〇一六年臺中高分檢聲請再審，二〇一七年臺中高分院改判他無罪。

既然有這麼多冤案都是因刑求取得的自白才得以定案，一九八六年新竹分局刑警以非法手段對蘇炳坤、郭中雄嚴刑逼供，難道不會用同樣手法辦其他案子嗎？在破案壓力與「檢警送什麼證據我照單全收」的文化之下，這群人是否「製造」過其他冤案？我真不敢想像。

不過，這全是基層員警的錯嗎？如果院檢不隨便採信被告的自白，警察又怎麼會想盡辦法以刑求逼迫被告承認？如果院檢不願意確實遵守無罪推定的原則，只是用一般想當然爾的邏輯推論被告應該有罪，又怎麼能責怪警察喜歡採用極端的方法取得自白？

二〇一三年二月，前聯合國反酷刑特別報告員諾瓦克（Manfred Nowak）在臺灣進行兩公約國際審查，對於臺灣政府宣稱「酷刑已在臺灣絕跡，我們沒有刑求的問題」的說法不以為然，認為這樣的說法只是自我感覺良好，而官員對酷刑現象的無知更令人擔憂。問題是官員是真不知情？還是刻意保持緘默？畢竟沉默所保護的不只是個人的面子，也保護了群體的面子；而打破沉默的人通常不只是魯莽，還會被視為叛徒。

曾經參與平反蘇建和、鄭性澤、陳龍綺等案的羅秉成說，他一九九〇年開始在新竹執業時就聽說過蘇炳坤的案子，而且很巧的是，郭中雄一審的辯護律師，剛好就是他事務所合夥人。那時蘇案在新竹地區赫赫有名，他偶爾也看過相關新聞，心想，一個逃犯竟然「在家通緝」，就連檢察官都出面為他提再審，就那時的社會氣氛來說簡直是不可思議。因為很早就耳聞蘇案種種，當蘇炳坤找上平冤會求助，就算已獲得總統特赦，羅秉成仍認為這是一起值得救援的案件：

「這件案子的無辜感太強了，強大到幾乎說服了所有人，媒體輿論也很支持他，至今我還沒聽過有人認為他有罪，這是很少見的情況。平冤會接案除了講求是否有科學證據，也很重視案子是否違反正當法律程序，其中最典型的就是刑求。平反這類案件是司法轉型正義的一環，所以平反蘇炳坤很重要的意義，就是按照現在的制度程序，去照見舊的時代制度裡冠冕堂皇的司法證據瑕疵品是怎麼被拋擲出來。就這樣的角度，這個案子，我們當然要救！」

羅秉成認為，蘇案是三十多年前的舊案，但正視並處理這樁案件對現在具有指引效果，可讓人認真思索司法在面對冤案的態度應該是什麼。他特別提到周盈文審判長在宣判時說蘇案是「冤案」，而不是一般使用的「錯案」這個字眼，真的很不容易。

「周盈文是我很敬重的法官，這樣一件眾所矚目的案子由他來判決，令人放心。宣判時他大可以說『撤銷原判決』、『檢察官上訴駁回』，就宣判完畢了，但是他沒有這麼做。他開放媒體攝影，而且是帶著想法做這樣的陳述，這段話顯然是經過深思熟慮，不是臨庭講出來的。」

我聽不少人說過，蘇炳坤是倒楣啦，那個時代辦案就是這樣。但，這類冤案真的只是「時代產物」嗎？嚴刑逼供、草率起訴、有罪推定……這些造成誤判蘇案的因素，今天果真已經絕跡了嗎？對於我的疑問，羅秉成如此解釋：

「周盈文說，這件案子是警察刑求逼供，檢察官草率起訴，法院沒有遵循無罪推定原則。假設把這三個因素放到現在比較好的程序規定裡頭來看，現在我們建立自白任意性的前置調查原則，正當法律程序規定得比較完善，警察辦案也比較重視科學，院檢人力訓練也比較以前好得太多了。但是即使如此，這三個因素還是存在。例如警方濫權，不一定是刑求，而是各種各樣的違法取供；檢察官草率起訴，在重大案件要求限時破案的壓力下，他們沒辦法深思熟慮，還是會出手。至於無罪推定，我想很多律師都會認為，有些法官並沒有遵守這個原則，所以就本質來說，或許你的懷疑是對的，也就是過往冤案的成因，到現在只是某種程度的改頭換面而已。這樣聽起來有點喪氣，但我的看法是還是有進步。現在警察打人的多不多？我不敢講完全絕跡，但已經很少了。以我做律師前十年的經驗，那種在押重犯，十個大概有一半以上跟我講說他們被打，在那樣的環境之下，律師會認為他們的話有幾分可信，不會認為他們胡說，我可以理解，也很同情，會想如何抗辯，但事實上都是枉然，難以調查。最常見的情形是，法官把警察找來問說，你有沒有刑求人家？哪個警察瘋了會承認？當然不會。以前跟法官說我的當事人被刑求，所以做出不實的自白，法官心裡也許會想說，對啦，然後呢？他還是自白了啊，你來證明他被刑求，問題是我要怎麼證明呢？」

在那個年代，警局時不時上演刑求劇情，大家亦習以為常，見怪不怪。到底是什麼樣的環境，讓什麼樣的人視刑求為家常便飯？又是什麼樣的人可以做出這種事？他們是殘忍成性，才可以日復一日地拷打折磨與自己一樣的人嗎？

「早年許多警察辦案都是如此。他們知道刑求不好，但還是會這麼做，因為他們相信只要拚命往下挖，就可以挖到真相，這個挖不只是用嘴問，還用了工具動手打，而且這套辦案手法還是師徒傳承下來的，」羅秉成說，「他們變成自己經驗的俘虜，誤導了自己，犯下了不自覺的錯誤，久而久之就變得麻木了。」

這讓我想到當年民間團體救援鄭性澤時，退休警察人員協會到法院門口抗議「無罪判決影響員警士氣」，要求法院還給他們「公平正義」。或許警察只是被破案壓力與高定罪率壓得喘不過氣，才會做出自己也料想不到的殘忍的事來；他們未必是內在凶殘而做出這樣的事，而是同袍之間的情義，社會安全意識形態的洗腦，讓他們合理化了自己的作為。

沒有證據，就靠自白來破案，這是便宜行事的手法。重點是，檢察官及法官怎麼看待自白的證據力？蘇案除了郭中雄的自白及來路不明的金飾，沒有任何證據顯示蘇炳坤犯案，照說必須進一步偵查才對。然而檢察官與法官並沒有這麼做，他們強烈的心證，就是認為蘇炳坤是強盜。他們是真心相信蘇炳坤犯了錯嗎？他們是否直視過自己錯判的可能性？

或許問題不在於有沒有證據，而在於研判證據的模式。

「我們都知道《刑事訴訟法》一五六條第二項規定：共犯的自白不能做唯一證據，早年這個法條好像是僅供參考，法官照判。以蘇炳坤來說，除了郭中雄咬他的自白以外，別無證據，所以法官算是很敢判。我想有些法官大概有一種心態，就是誰教你被告要認？打死你都不應該認才對，很多法官都認為如果你沒有做，怎麼打都不應該認罪。很多沒有被刑求過的人都會認為，只是被打兩下，為什麼就認了呢？有這麼嚴重？這麼不經打？怎麼可能？換作是我打死都不承認，會認的都是意志不堅，就是有做嘛！」羅秉成說。

羅秉成提起過去經手一起肇事逃逸案，這也是除了蘇建和、鄭性澤案之外，他執業二十多年刑求抗辯第一件成功的案例。他的當事人被警察毒打之後認了罪，也做了筆錄，事後立刻跑到醫院進行驗傷，但檢察官不採信驗傷單，就直接起訴了。羅秉成詳細問當事人刑求細節，傷勢狀況，以及出入警局的時間，有許多不符常情之處（例如從進入警局到離開的時間不合理地過長），要求法官傳喚警察進行交互詰問。很幸運的，法官同意了，然後，有趣的事情發生了：

「法官先告知警察說，他今天作證的權利義務其中有一條是，如果擔心照實講會被刑事追訴，可以拒絕證言，如果被發現他講的是謊話，會以偽證罪辦。起先法官是用比較法條式的說法，警察一時沒有聽懂，法官就改用白話說，你如果有給人家打的話，你老實講，就不會有偽證罪；如果你打了沒有老實講，就會有偽證罪；你如果擔心有偽證罪的話，可以不要作證。結果那名警察馬上說，我不要作證。法官很凶問他，那你有沒有打人？警察說，我沒有打人。法官又問他，你如果沒有打人，為什麼不敢作證？結果那個警察從頭到尾都沒有承認，可是又無法解釋那些不合理的狀況，最後法官當庭認定被告的自白沒有證據能力，是刑求的結果，然後告訴那個警察說，我會以刑求移送你，並且把判決寄給你們單位。那個警察聽了，臉色都白了。」

「自白是證據之王」，這是既有的遊戲規則，就算沒有人願意公開承認，在司法實務界它幾乎就等同於真理。這是現實，也是無奈。

「我們回想蘇炳坤的案子，你覺得當時檢察官、法官真的完全不知道他被刑求嗎？有的法官或許會說，被告是刁民，沒有打就在這邊喊冤，事實上就是你幹的，還好意思在這邊講警察刑求？這種法官當然有，但我認為不多。有部分法官的態度是，你認罪了，不是嗎？好，我幫你記下來，結束。你說你被刑求？那你證明給我看，如果你無法證明被刑求，又已經在筆錄上簽名，我就照判，因為話是你講的，你沒有撐住，就必須為自己說的話負責。我以前剛當律師的時候，被告如果有自白，有的法官開第一次庭的任務就是訊問犯罪事實，訊問被告筆錄內容是不是已經簽了？再問他是不是認罪？就這樣，案子就結了。既然被告認罪了，法官判他有罪，心裡也沒有負擔，反正被告多半也不會上訴，他們的態度可能是，我幹嘛把警察挖出來？勞師動眾把警察弄到法院來，何必去得罪警察？」

既然能證明蘇炳坤犯罪的證據如此薄弱，就連像我這樣的法律門外漢都能看出疑點，一、二、三審的法官在想什麼？他們怎麼判得下去？

「嗯，這是個好問題……」羅秉成沉思了一會，進而說道：「這裡面有一個比較深層的結構問題，我們一直努力想翻轉過來，但是沒有很成功。譬如『院檢不分』[8]或『檢警一家』的問題。以前他們是『同國的』，在某種情形之下，他們可能會睜一隻眼、閉一隻眼，站在共同體的角度去處理案件，這或許是我可以給你的答案之一。以前法官很少挑戰檢察官的意見，他們都是司法官訓練所出來的，只是分發單位不一樣，今天你做法官，明天可能就調來做檢察官也說不定，這是院檢互調制度使然……不過現

8 過去檢察署前都有冠上法院名稱，例如臺北地方法院檢察署、臺中地方法院檢察署，不熟司法體系者往往以為檢察署屬於法院下級單位。為了避免混淆及宣示院、檢各自獨立，法務部已更換所有檢察署招牌，已達去法院化的目的，正名後新的檢察署名稱為臺北地方檢察署、臺中地方檢察署等。

在已經有很大的進步了。」

在現代司法體制分工下，執法者只能根據有限的權責做一部分工作，如果案子判錯了，不只是一個人的問題，而是一連串疏忽與錯誤所造成的。但讓人難以想像的未必是錯判本身，而是執法者在面對冤案時的巨大沉默，讓一個毫無可信證據的刑事案件，可以像鬼打牆一樣原地空轉了幾十年。

《路人變被告》有段話是這麼說的：

> 針對誤判疏失，司法體制最常出現的應對策略就是什麼都不做。原因何在？我想，部分原因就出在沒有人負責「掌舵」。美國刑事司法體系支離破碎，各地警察與檢察官情況相同，權職各異，但有時又互相重疊；中央主導的司法審查只針對極少數有進行審判的案件，而且法官通常只檢視個案的可能疏漏，並未綜合比較不同案件。
>
> 除了支離破碎的問題，刑事司法體系另一個癥結就是無人願意承擔責任。沒有機構喜歡自我檢討，但要一味忽視重大疏失，絕大多數的機構也承擔不起，唯有刑事司法人員例外……因為袖手旁觀不需要承擔任何後果。……刑事司法人員不需要承

擔責任，當然也就缺乏誘因去瞭解疏失發生的原由，甚至也沒有動力根除肇因，如此一來，檢警辦案雖然立意良善，但可信性全無，加上程序規定漏洞百出，更多誤判疏失難以避免。[9]

「無人願意承擔責任」、「因為袖手旁觀不需要承擔任何後果」，而且犯了錯的人常常不認為自己該負責，反正判決被上級法院推翻了，一審法官罵二審法官，二審法官罵三審法官，大家本位主義……但是罵完之後就雨過天青，若無其事了嗎？

「這就是一個生產線的概念吧，每個人都分擔了一點責任，最後就沒有人需要負責了，」羅秉成這麼說，「所以，法官躲在法律見解跟自由心證的保護傘底下，警察說外界沒有辦法證明他刑求……每個人都有自己的說詞來減免心理上的罪責感。我記得《法官的被害人》[10]裡提過，如果刑事庭的法官都懷疑自己的判決的話，日子沒辦法過下去，因為他怎麼有辦法隔天起床面對鏡子裡的自己？他必須說服自己沒有判

9《路人變被告：「走鐘」的刑事司法程序》，頁四六二，Brandon L. Garrett著，張芷盈、何承恩譯，新學林，二〇一七。

10《法官的被害人》，湯瑪斯．達恩史戴特著，鄭惠芬譯，衛城，二〇一六。

錯，不能懷疑自己的判決，否則日子要怎麼過下去？這太可怕了。或許法官的訓練讓他們說服自己不是心狠手辣，而是要有某種決斷力，就算錯了，也錯不在己，在這樣的生產線上來來回回，每個人的罪責就被稀釋掉了，這也是某種制度性的包庇。《國家賠償法》第十三條規定，如果因為法官跟檢察官的錯誤而要讓國家負賠償責任，必須法官檢察官被判有罪才可以，所以到現在沒有半件這類的案子。他們在這樣的保護之下，既沒有被追究的壓力，而且集體防禦感又強，司法究責到最後可能都是一場空……」羅秉成罕見地輕嘆一聲：「唉，我們很珍惜司法審判獨立，但是他們卻不太珍惜自己的責任。」

二〇二〇年，監委陳師孟擬約詢判馬英九總統洩密案無罪的法官唐玥，引起司法界莫大反彈，司法院長許宗力公開表達反對立場：

司法獨立的意義，要避免外來的不當干預及壓力，使法官不需要屈從特定人的意志，做出公正無私的裁決。所謂不受干預，不僅指裁判前，裁判後也不受秋後算帳……若只因法官闡述內心的法律確信，不滿意判決內容的人就要追究法官責任，未來也可能成為另一方陣營對法官鳴鼓攻之的理由，這過程將讓法官動輒得咎，終日蒙受被彈劾、懲戒的壓力。在寒蟬效應下，司法恐將逐漸變得怯懦，法官被迫自我審查以避免事後的攻訐清算，使得判決愈趨保守安全，忽略對法律正義的追求。[11]

把可能錯判應負起的責任視為「秋後算帳」、「攻訐清算」，這帽子可大了。司改之路如此艱困，該怎麼辦呢？羅秉成說：

「這是目前為止大家還不知所措的地方，沒有一個好的對策或藥方可以解決的問題。但我倒是很樂觀，覺得會漸漸有所改善。這不是我天真，而是我看到人民力量的展現，他們很嚴厲地看待司法，整個體制就有改變的機會。我們不必期待普遍的覺醒，也不必去想像這種可能性，但至少我已經看到他們內部有所反省跟改善，展現出努力的成績，重拾人民對司法的信任。」

然後我們聊到蘇大哥的近況，羅秉成顯得有些無奈：

「我覺得他一直放不下。你直接叫他不要這樣沒用，委婉勸說也沒用，外人完全

11〈等了一個月 許宗力終於發聲挺法官〉，王宏舜、程嘉文，《聯合報》，二〇二〇年一月十五日。

幫不上忙，這是司法無法解決的面向。我們都知道他承受了很大的痛苦，不只是肉體的，還包括精神的，那樣的汙衊、屈辱一直都在，無法隨著任何司法程序的澄清、平反而得到消解。每次看到他碰到任何人就開始講述自己的過往，像錄音機一樣，倒背如流，而且是每次都帶著感情在講述，那種感覺是非常痛苦的。他每次講起來就會流淚，就會悲憤，講一百次也這樣，講一千次也這樣，有誰的情緒哪堪這樣一直折磨自己？」

有時真正的孤獨不是沉默不語，而是儘管侃侃而談，你卻知道他活在另一個世界，沒有人能夠理解他的內心。或許蘇大哥就是這樣吧。

「宣判那天法官雖然沒有道歉，但周盈文說的那段話也等於是了，他說：『本院在此要對蘇先生你這段時間來所受的苦難，表達同情跟不捨。』我想這對當事人是有療癒的效果，就算他現在放不下來，至少心理負擔會愈來愈減輕才對，這對無辜者來說很重要。現在很多人在講修復式正義，主要是在講案件被害人，但冤案的被害人修復式正義要怎麼做？非常難，因為既有制度沒有替他們預留空間，也不會道歉。再審條文裡面有一條，如果最後再審判無罪，判決書必須登在司法公報上，這在某種程度上是表示國家向他們道歉，代表這個案子判錯了，讓法官有所警惕。就算拿到刑事補償金，因為司法錯判讓他們失去了青春，失去了家庭，失去了工作，國家問都不問，直接打包一包錢，就算了，一般冤案的處理方式大概就是這樣，反正司法還你清白了，撤銷給你無罪，刑事補償也給你了。問題是當事人有被撫慰到嗎？平冤會有社工在做無辜者關懷工作，但當事人是在仰望國家對於公權力加諸他們身上的傷害有所表示啊！我想，這是我們未來在制度面可以努力的方向。」羅秉成說。

平冤會辦公室牆上貼著艾蜜莉．狄更森的詩〈不虛此生〉：

如果能讓一顆心免於哀傷，
我就不虛此生。
如果能夠解除一個生命的痛苦，
我就不虛此生。
如果能讓一隻昏厥的知更鳥重返巢穴，
我就不虛此生。

沒有經驗的人，不可能知道要幫助一隻昏厥的知更鳥回家，需要經過那麼多千迴百折的漫漫長路。二〇一九年，前大法官許玉秀在邱和順案模擬亞洲人權法院上說了一句很動人的話：「法院應該是人民痛的時候可以喊痛，可以撫平痛的地方。」冤案不只是個人的創傷，更是社會集體的傷痕，只要一天不處理，歷史就會不斷重演。

縱使司法的高牆仍舊存在，我仍衷心期待蘇案的平反是個改變的開始，即使改變可能是緩慢的，只要我們願意透過這個案例的討論、爭辯、累積共識，一次前進一點點，終將形成一股破牆的力量。

八、冤案有始無終

冤案從來不會停留在平反成功這一天，無罪之後，仍有漫漫長路。

認識蘇大哥時，他早已是無罪之身了。第一次在平冤夥伴陪伴下與蘇大哥一起吃飯，他看起來頗為嚴肅，對於初次見面的我也不怎麼搭理，倒是大嫂陳色嬌始終有說有笑，不時招呼我們多吃點，千萬別客氣。大概吃了快一個鐘頭以後，蘇大哥突然問我，你要寫我的故事，那你知道什麼了？我心想，唉呀，「面試」來了，趕緊正色說，所有卷證已經翻過一遍，但還不是很熟悉。他定定看著我，繼續問道，那你覺得我這案子怎麼樣？有什麼想法沒有？我不假思索地說，很荒唐啊！他微微點頭，悶悶說了聲嗯，繼續低頭吃飯。從他的表情判斷，我猜想自己算是「過關」了吧？

後來比較認識蘇大哥了，才發現他是個個性坦率、熱情好客的人。他喜歡請人吃飯，花錢絕不小氣，他說：「請人吃飯就是要這樣啊，反正幾個人吃一吃，也花不了幾個錢，對不對？人活在世上有錢沒錢不重要，人家的恩情最重要，只要跟我幫忙的，我一定不能忘。」如果約在家裡見面，他會準備好點心水果，每隔二十分鐘就催我說，不要光顧著採訪，這個不錯吃，吃一點啦，離開前也不忘塞點茶葉什麼的禮物給我。每次我們通完電話，他總不忘叮嚀，下次你來新竹，一定要跟我講。我說，你每次都要請客，我才不要咧！他呵呵笑出聲來，難得輕鬆的模樣。

認識蘇大哥的人都有類似經驗，他只要一開口，便習慣滔滔不絕訴說自己的冤情。他的記性極好，人事時地物從來不會記錯，事發過程也會盡力描述：莫名其妙被捉的經過，員警刑求的各種細節，檢察官與法官的說詞，四處陳情的辛酸、坐牢時的無助，全都歷歷在目。他常說：「莫名其妙，我到現在還是莫名其妙，說我去搶金子店，第一次來捉我，如果我有做就跑了啊，哪裡還會自己去開門？」「沒有做被關兩年多，你會甘願嗎？這股怨氣我到死都記得清清楚楚。」「總統赦免我給我清白，但是司法沒有還我清白，我是冤枉的，講一千次一萬次，講千千萬萬次都是一樣」……相同的說詞，他逢人總是說了又說，說時永遠掏心掏肺，情緒激昂。

大嫂告訴我，蘇大哥出獄好幾年了，在睡夢中仍會開口亂罵，像是有著深到不見底的怨氣。每個人都勸他，過去了，就放下吧，他說，我一個清清白白的生意人，被害成這樣，你要我怎麼放下？我真的沒辦法。

他身體是自由了，心卻走不出來。

與眾所周知的蘇建和、江國慶、邱和順等冤案相較起來，蘇大哥的案子似乎算是「小案」——至少他沒有被判死刑，案情也沒有過於龐大、宿命、壯烈的犧牲。然而冤情的深淺，豈能以量刑的輕重來衡量？當然不行。何況蘇大哥的悲劇，充分反映了執法者的荒謬，尤其他在青草湖派出所的經歷，絕對是常人難以承受的痛，難怪每次講到那幾位對他用刑的刑警，他總是咬牙切齒，憤恨難消：

「我講的那幾個人的事，百分之百實在，他們真的是比流氓還流氓、比土匪還土匪，你盡量給他寫下去。像刁建生，分局局長，那天他進來說，你再不承認，我就拿槍斃了你！我什麼都不知道，是要我承認什麼？再審我有講這件事，記者有去問他，他說他不記得了。這你要給他寫下去，他不敢告我啦，如果要告，我在高等法院講的時候，他早就告我了，我已經那麼老了，沒在怕啦。我們是有良心的人，不像他們，亂拗的事我不會。我以前去喝酒，我太太問我去哪裡，我一說謊臉就紅了，騙人就會紅了，不信你問我太太，沒有做過的事要我承認，我沒有辦法。我的個性是這樣，沒做的事，我吞不下去嘛！不然我被你打死也沒關係，是不是這樣？」

他受了很深很深的傷，除也除不盡的鬱悶不時攀附他的胸口。可是要從那樣的傷口底層、一個地獄般的底層慢慢爬上來，談何容易？

起初我一直不太能體會，事情過了那麼多年，冤情也已經平反了，那段刑求的經歷對蘇大哥來說，為何仍有如醒不來的夢魘，無時無刻不糾纏著他？直到讀到哲學家阿梅立（Jean Améry）描述被納粹刑求的經驗：「任何被刑求過的人，一生都處於被刑求的狀態。曾經被刑求擊潰的人，再也無法安適地活在這個世界。人性被摧毀的恥辱，永遠無法抹除。」我才約略明白，原來肉體的痛苦固然難以忍受，心靈的被摧殘更令人感到恐懼。刑求對蘇大哥造成了嚴重的凌辱、虐待與傷害，他無法閃躲，也不能逃避，更毫無反擊之力，只能眼睜睜地看著身而為人的基本尊嚴被毀壞殆盡。這是對一個人最嚴酷、最難以回復的創傷。

蘇大哥現在當大樓管理員，每週工作六天，負責清潔大樓的中庭與地下室，垃圾車來了就倒垃圾。過去他在卡拉OK當過洗碗工，也做過保全，每天工作十二個小時，身體實在是吃不消，體力不支昏倒了才辭職。其實他四個孩子都大了，也有穩定的工作，並不缺這份薪水，可是蘇大哥以為自己身體還行，能做就加減做一點，不想增加兒女負擔。偶爾碰到熟識的老友問他，董仔董仔，你怎麼在做這個？他說，我又不偷不搶，做這個有什麼好歹勢的？還說自己靠勞力工作，比較心安理得啦，不過偶爾還是會怨嘆，好端端的事業就這樣沒了，人生怎麼會變成這樣？

他的人生是個生命遭到外力侵門踏戶的故事，一旦世界被侵踏了，就很難回到原本的模樣。巨大的傷痛留下無法抹滅的痕跡，悲傷在此生已經不可能復原。他想要放下，把三十年的仇恨與委屈全都拋在腦後，可是他做不到；他不想要重拾舊夢，同樣的惡夢卻一直纏繞著他。

原來，冤案是有始無終的。

每次見面談的都是案情，我決定改弦易轍，純聊天。我說，你以前脾氣不太好喔，性子比較急。他先是愣了一下，隨即老實招認說，對啦，年輕的時候脾氣不好，發起來不得了，會揍人、吵架。現在改很多了，我太太一直念，要我改。

當年蘇大哥與郭中雄交惡，肇因於郭中雄工作品質不符要求，顧客迭有怨言，蘇大哥扣了他一萬多塊工錢。郭中雄不服氣，多次上門理論，大嫂勸蘇大哥說，你就把錢給他算了，以後不要再找他做就好。可是蘇大哥執意不肯，還與他打了一架。這讓郭中雄懷恨在心，才會在被刑警脅迫之下，第一個想到咬的人，就是他。

「你年輕時是什麼樣的人啊？」我好奇問道。

聽到我這麼問，他眼睛都亮了起來：

「我年輕的時候喜歡交朋友，算是比較海派啦。我常跟我太太說，要請客就請好一點的，要讓大家吃到飽，平冤會他們沒拿我律師費，請客絕不能寒酸。小羅（羅士翔，有別於人稱「大羅」的羅秉成）每次來找我，我知道他喜歡吃蛤仔，就請他吃。人家說，一串錢打二十四個結，我身上不能帶多錢，帶多了，就糟糕了。」

「你真的是大老闆個性耶！」

「沒有啦。像任（君逸）律師的太太說要請我吃飯，事前跟我說，你不能帶錢喔，我說好啦好啦，結果進去就先擺三千塊在櫃檯那裡。我買三瓶紅酒，喝兩瓶，一瓶送她，她回送我一瓶皇家禮炮，二十一年的。她說以後她要請客，她出錢，我說好啦好啦，以後再說啦。我跟你說，他先生幫我辯護也沒拿多少錢，我在那裡開三千塊就開沒完了，對不對？我們人要這樣想，不能太寒酸啦！」

我覺得昔日的「董仔」好像又回來了。

「我年輕時候比較臭屁啦。說真的，我眼光真的很好，像這幾天要去買沙發，我去看，現在做的家具，我都看不上眼。」

「你以前做的都是高檔家具喔？」我問他。

「對，一個衣櫃賣八萬塊，五金也是西德進口的，三十年前欸！我做家具跟人家不一樣，就像你們女人穿衣服一樣，今年流行黑的，明年流行紅的，要跟得上時代，這樣才能夠賺錢。工人達不到要求，不可以。我很龜毛，常常被我太太罵說，人家這樣就可以，為什麼你不可以？我覺得做家具是這樣，人家舒服，我也舒服，要人家喜歡，這樣才對。」

「你是不是對任何事情要求都很高？」

「是這樣，你問我太太就知道，」蘇大哥不無得意地說：「我以前會買國外的雜誌，研究他們的設計風格，自己慢慢學。還有，像我的衣服都有燙，不信，我帶你看……」他立刻領我走進臥房，打開衣櫃給我看，一疊送洗過的 POLO 衫用塑膠套包好，平平整整地躺在裡頭，可見 POLO 衫的主人有多麼重視自己形象。

「原來你是黑狗兄啊！」他最會把自己打點得體體面面，什麼東西流不流行，一眼就看得出來。

「以前我光是西裝褲就有一百多件，真的，不騙你，」他喜孜孜地說給我聽，「後來因為變胖了穿不下，才送給人家，現在只留了三十幾件。我現在隨便吃，也一直胖起來。」

「你沒有做運動喔？」

「就早上去掃掃地，那個是勞動，就坐在那裡，不算啦。我想說再做兩年，退休了，就要來運動了。」

「你要找一種可以在家做的，例如甩手之類的，這樣才不會貧惰（懶惰）做。」

「我偶爾會啦！」

「不能偶爾啦！」

他聽了笑出聲來，「我現在很懶，真的連出門都不想，熱天嫌太熱，冷天嫌太冷。有人說，你現在可以退休，拿了幾百萬，我說，幾百萬不是花不完欸，每天都要繳健保費什麼的。」

這個幾百萬，是指蘇大哥再審獲判無罪之後聲請的刑事補償金。起初他對爭取補償金的興致不大，甚至叫律師「隨便寫寫就好了」，他對不斷開庭審理已經感到厭倦了。高等法院開庭時，尤伯祥律師特別提到，這起冤案讓蘇大哥彩色的人生一夕之間化為烏有，人生本應有的歡樂與機會，如何喚回？一天五千元的補償，就算在後面加一個零也不為過，希望法院能秉持同理心替他伸張正義。尤律師說：「造成蘇炳坤冤案的法院與檢警，都是由人民授予公權力，剝奪他應有的人生，這是我們欠他的。」

《刑事補償法》規定，只有入監、人身自由受到限制才可以獲得補償，也就是說，只有入監服刑才有補償的資格，如果是被冤枉，選擇逃亡則無法得到補償。[1]最後高院認定蘇大哥被關了八百九十一天（包括一九八六年六月被警察抓捕後遭收押兩個多月，加上一九九七年六月遭通緝到案，直到保外就醫約兩年五個多月的服刑期間，再扣除他家中被搜出製造家具的刀械被判刑三個月，未經再審平反，總計八百九十一日），補償金以每天最高金額五千元計，共計四百四十五萬五千元。

有人向蘇大哥恭喜，說他拿到這筆錢，以後日子好過了。四百多萬臺幣，對比三十幾年的冤屈，算多嗎？有誰願意拿四百多萬被冤枉三十幾年？這筆錢或許在經濟上有點幫助，但一個家庭因為冤獄造成的傷痛與失去的歲月，豈是補償金可以撫慰的？二〇一七年召開司改國是會議時，第一分組做出「無辜受害者為國家公權力的受

---

1 二〇二〇年六月十八日行政院院會通過「刑事補償法部分條文修正草案」，放寬刑事補償適用範圍，因偵查、審判過程或判決結果，未受人身自由拘束的無辜受害人，其人身自由以外的人格法益有重大損失，且無法聲請國家賠償時，亦可以聲請刑事補償，且修法公布後回溯適用二年。

害者，保護不應限於金錢補償，也應該提供精神、物質上的支持」的決議，只可惜這樣的意見似乎沒有受到應有的重視。

「這筆錢再多也會用完啊，所以我現在工作加減做，就有辦法貼補家用。」蘇大哥說。既然談到了刑事補償，自然而然的，他又重提經年不忘的冤屈：「有人跟我說，金瑞珍的案子可能是住在他們隔壁一個吸毒的人做的，否則別人怎麼可能爬上去？就像翟宗泉講的，除非坐直升機。後來那個人因為別的案子被抓了，關在臺南，有人去查，可是那個人說他沒有。他當然不會承認啊！」「我以前都相信警察只抓壞人，現在我都不相信了，這都是騙人的。只要你碰到了，你就知道了。以前法官都大陸過來的，那些流氓有槍的，怎麼不把他們打掉幾個？不過好的（法官）也是有啦，現在慢慢有了。」

「如果往好處想，你這一路上也碰到很多好人呀！」我提醒他正面思考。

「對啦，從被冤枉一路都碰到好人，很多啦，這些人要給他們肯定，這很重要。我跟我義父（楊錦同）也學很多，話不要講那麼多，重點講下去就好。我再審一開始就跟三個法官說，你盡量給我查，愈詳細愈好，清清白白的沒什麼好怕……」說著說著，他又忍不住老話重提。

「你逃亡那段時間都在家裡做什麼？」我試圖轉移話題。

「我太太上班，我在家煮飯洗衣，賣茶葉。我煮的菜喔，不是吹牛的，全家吃光光，我以前當空軍的時候要輪流煮飯，所以很會，不信你問我太太，我不是大男人啦。現在我五點下班就吃飯，看電視，泡茶，不過很少到客廳，都在房間。」

「為什麼一個人待在房間裡？」

「我看不慣的事，看了就會想罵，對不對？現在盡量不罵，就不想看了，看了就會想罵。」

這時大嫂端來一大碗米粉，說是怕我餓著，還說知道我胃不好，不敢放芋頭。蘇大哥連忙加碼說，你吃吃看，我太太的米粉，大家都呵咾（誇獎）。大嫂略帶靦腆地對蘇大哥說，你麥黑白說，然後轉頭告訴我，上次平冤會的人來我們家，說這個米粉有媽媽的味道，來，快吃快吃，趁燒，沒什麼可以請你的。

大嫂是非常傳統的女性，她的世界以蘇大哥為軸心，而她就是忠實守護著丈夫這個太陽的小行星。每次蘇大哥口沫橫飛地訴說事件原委，她總是靜靜坐在一旁，頂多偶爾補充一下蘇大哥忘了提起的細節。有時我想聽聽她個人的看法，只要把話題轉到她身上，她總是本能似地避開說，啊，不想說這個，說了心都很酸。看她那副難受的模樣，我都不忍多問。

「我不是在講我太太怎麼樣喔，」蘇大哥喝了一口茶，繼續掌控話題，「這次重新再審，我太太說，不要再弄那個了，很多人也這樣跟我說，可是我就是毋甘願……」

沉默是爆炸的前奏。蘇大哥滔滔不絕地說著，向來安靜無語的大嫂突然脫離了小行星的軌道，慍怒說道：

「他每次都講說，我要他散散去（算了），你知道什麼原因嗎？他每次心情不好，是誰受苦受難？是我捏，他既然講了，我現在就發洩一下。他每次喝酒，就藉酒發瘋，對我跟小孩子發脾氣……我受夠了！你講這個話就不對！」

「我現在說這個有什麼不對？」蘇大哥一頭霧水。

「不對！我是想說過去的苦我已經受夠了，我沒有跟任何人講，像我憂鬱症，小孩子都不知道……」

「齁，你真的很會亂想耶！」蘇大哥說。

「我在樓上沒辦法睡，一點多，打電話給我妹妹，她跟我妹夫馬上來敲門。我女兒說，阿姨，你怎麼半暝跑來？她說，你媽媽人不好。我女兒說，沒有啊，她在睡。我看到我妹妹抱了就哭，心很酸啦……」大嫂哽咽了。

「我是說再審的時候……我是說……」蘇大哥結巴想要解釋，立刻被大嫂打斷：「這次要再審，他看卷宗心情不好，我孫子在那邊大聲說話，在玩，他整個卷宗就拿起來要敲。他受苦受難，我們沒有嗎？他關在裡面，我也不好過。我每禮拜去看他，煮好的給他吃，我女兒問說，媽媽，我可不可以吃這個？我說不行，這要留給爸爸。我怕他在裡面被欺負，是老實人，盡量拿東西給他吃，所以他實在不應該再講這種話……」

「我說這樣哪有不對？」蘇大哥不服氣。

「就是不對！每次記者要問這些，我都不喜歡講，講了就心很酸，點點滴滴很多痛苦……」她的聲線上揚，語氣哽咽了起來，「那個時候我多苦？下班買水果，人家都挑漂亮的，頂級的，我只挑下面的瑕疵品，修一修給小孩子吃，所以現在我大女兒都不吃水果……我為什麼跟他說算了，不要再那個了，因為已經平靜了。我這個人卡頇顢（笨拙），從來沒跟人家借過錢，有同事跟我說，色嬌，你如果缺錢跟我說，我說沒啦，不用。我不會跟人家借錢，就想說我們自己吃壞一點，要加班就加班，每天騎摩托車半個多鐘頭到竹北上班，回到家八點多，小孩子一定有麵包吃，我自己沒有得吃……」

我知道該說些安慰的話，卻一時為之語塞，只能眼睜睜看大嫂噙著淚，默默走進廚房。

蘇大哥兀自低聲說，奇怪了，又沒怎麼樣，怎麼這麼愛哭。像是在跟我說，更像是在說服自己。

我不知哪裡來的膽子回說，你還不是很愛哭？

他愣了一下，沒說話。

「女人本來就比較敏感，你要多體諒大嫂。」

「有啦，我有啦。」

個性剛烈的蘇大哥言語如刀，屍橫遍野，而妻子陳色嬌就是最常被砍傷的人。其實他心底是疼惜大嫂的，宣判無罪之後，他多次公開感謝妻子的陪伴與支持，私下更常告訴我們，他真的是娶到好老婆，如果娶的是別人，這個家就完蛋了。只是身為男性的自尊，讓他較少流露柔情的一面。

蘇大哥十七歲就認識大嫂了。他對她可說是一見鍾情，只是覺得她那麼漂亮，肯定看不上自己這個窮小子，始終沒有採取行動。直到退伍以後，他每天站在大嫂上下班必經之路，等了好幾次，才鼓起勇氣問她，我可不可以約你？大嫂笑著加注說，那時候傻傻的，什麼都不懂，蘇大哥約她，她不好意思拒絕，就這樣，兩人就在一起了。「說的臭屁一點，她天生就是注定要當我太太啦！」蘇大哥得意揚揚地告訴我。

張明右導演以蘇大哥為主人翁拍攝的《何處惹塵埃》紀錄片在新竹獨立書店放映那日，我們約好了跟大哥大嫂吃晚餐，再順道一起去書店參加活動。不料當天早上大嫂意外出了場小車禍，手臂骨折，心焦如焚的蘇大哥說什麼也要陪在她身邊，書店的活動自然是不去了。我們帶了晚餐到蘇家，順便探望大嫂的傷勢，蘇大哥不停碎念說，我就叫她騎車要小心，結果就接到她電話說，炳坤，我人被車撞到了，現在人倒在路邊……

蘇大哥看起來仍驚魂未定，大嫂卻雲淡風輕地說，打了針，吃了藥，又去找人「喬」了一下，沒事了啦。她對蘇大哥說，你晚上跟他們去，不用管我。蘇大哥執拗地搖搖頭說，沒那個心情，不去了，順手夾起烤鴨放到大嫂碗裡，說，不要光顧著說話，要吃啦，多吃點。我笑著起鬨說，哇，好體貼喔！蘇大哥仍板著臉，看不出真正的心思，倒是大嫂忍俊不禁說，有啦有啦，他有照顧我，今天就讓他表現一下好了。

李文傑律師說過，事發之初大嫂找他求助時，除了哭，還是哭，可以想見她有多麼無助。過了幾年彭南雄接手蘇案，他印象裡的大嫂已是勇敢堅強，獨力撐起一片天的女人了。原來長年厄運的磨難，足以讓家具行老闆娘變成堅毅的女鬥士。

大嫂當然不是沒有悲傷，只是不像八點檔戲裡的角色那樣哭天搶地。或許是太痛了，有些話說不出口，往心裡吞變成內傷，成了永遠無法結痂的疤。蘇大哥在獄中那幾年，她既無力又無助，每天下班仍硬撐著做飯給孩子吃，倒完垃圾，一個人關了燈，偷偷躲在房間角落啜泣，沒有人知道，久而久之，竟也習慣了身在暗處。最近幾年她視力欠佳，不喜歡坐在亮處，蘇大哥覺得奇怪，問她說，你眼睛看不到，怎麼都不開燈？她不知從何說起，只能沉默以對。

她什麼苦都吃過，錐心刺骨，彷彿就忘了痛苦，可是身體也弄壞了，集高血壓、糖尿病、胃食道逆流於一身，就這樣撐過了一天又一天。

大嫂最讓我欣賞的地方，不是她的堅強，而是她的溫柔。照理說，丈夫莫名其妙遭遇如此困厄，她理應充滿了恨意，可是她沒有，總是細細數算別人的好。就算提起最不願回想的郭中雄，她頂多是別過頭說，我不想講這個人，把我們害得那麼慘。可是在法院看到郭中雄，她直覺反應不是憤怒，而是同情，還說，他看起來過得很不好，心好酸啊！

這就是大嫂，永遠只看到別人的苦，卻忘了對自己好一點。

至於蘇大哥，現在他大抵是過著平靜的生活。然而平靜也帶來了折磨。這三十多年來，他腦子裡不停想著的，就是要為自己的清白而戰，怎麼樣也停不下來，一旦正式宣判無罪了，一切都結束了，就像失去人生最重要的舞臺與目標，充滿了更多疑惑。大半輩子努力的目標已經達成了，接下來要做什麼？怎麼一切就結束了？特別是那些冤枉他的人，退休的退休，升官的升官，怎麼獨留他一個人繼續受苦？

有些人經過冤獄以後，很願意分享心路歷程，更樂意公開演講。但蘇大哥不是，每次平冤會想安排蘇大哥演講，他總是推說不要啦，沒什麼好說的。二〇一九年六月日本無辜計畫（Innocence Project Japan）舉行成立三週年大會，邀請蘇大哥到日本分享他的故事，幾經勸說，他才勉為其難答應。演講那日，蘇大哥顯然有點緊張，頻頻問身邊的士翔說，淡薄仔緊張，啊係欲講啥？士翔告訴他，自然一點，照你平常那樣就好。蘇大哥不放心，又問，沒什麼好講的，不然等一下你上去講好了。士翔忍不住說，欸，人家是邀請你上臺給日本人打氣一下，你要上去講啦！

待蘇大哥上了臺，對著麥克風緩緩說出：「大家好，我來自臺灣新竹市，我叫蘇炳坤。我是一個平凡的百姓，也是一個正正當當的生意人，那時我才三十六歲，今年已經七十歲……」然後不需要任何提示的，他一口氣說了幾十分鐘，讓在場的阿澤（鄭性澤）下了很貼切的注解：「臺下皮皮剉，臺上講袂煞！」笑翻現場一票臺灣去的朋友。

日本無辜計畫安排同樣是冤獄平反者的櫻井昌司與蘇大哥對談。櫻井先生聽完他的故事感觸最深的，就是那段看似沒有盡頭的平冤之路，想知道是什麼力量支持蘇大哥沒有放棄。蘇大哥說：「我年紀那麼大了，追求無罪不是為了賠償，那些錢也無法賠償我什麼……人家說『人死留名，虎死留皮』，我想讓子孫知道我是清清白白的，才會一直堅持下去。」

蘇大哥的痛苦永遠是現在進行式，沒有結束的一天，只能靠著不斷重述過往尋求撫慰。他的驕傲，他的自尊，他的人生，全都在被捉的那一刻瓦解了。只是被冤的苦楚沒有盡頭，他人已經老了。

受過傷的人總是特別憐惜同樣受傷的人。蘇大哥一直很關心其他冤案，過去蘇建和案開庭時他跑去旁聽，聽說民間團體在推動總統特赦邱和順，他主動跟士翔說，這個案子，我敢講百分之百是冤的，跟我當年一樣，都是被刑求的。士翔問他，你要不要寫篇文章請總統赦免？蘇大哥立刻說，這有什麼問題？蔡總統第二任了，應該要來做了。於是，便有了這篇投書：

蔡總統您好，我是來自新竹的蘇炳坤，我曾因捲入冤案獲得總統赦免。我寫這封信，希望能請總統考慮，基於人權與人道的理由，特赦已經失去自由三十一年的邱和順先生。

三十四年前，我捲入了新竹金瑞珍銀樓強盜案件，當時警方透過刑求逼供，讓同案被告做出假自白，讓我被收押、被起訴，被判決強盜罪成立。我從頭到尾都向警察、檢察官、法官說我沒有涉案、我根本不知道發生什麼事情，但我還是被當時的司法判決有罪。

有罪確定後，監察院提出調查報告，檢察系統內幾位檢察官都相信我有冤，幫我提出四次再審，檢察總長也提起四次非常上訴，但都沒辦法讓法院重新審理，我仍然含冤莫白。

直到二〇〇〇年政黨輪替，陳水扁總統上任第一年的國際人權日，陳總統頒布特赦令，在司法無法還我清白的時候，總統願意赦免我，讓我的母親、我的太太以及我的兒女們知道，她的兒子、她的先生以及他們的父親是真正清白的，我這輩子感念在心。二〇一八年法院再審改判我無罪，證明我的清白，也說明了當年的司法沒有落實無罪推定原則造成冤案。

邱和順案同樣發生在一九八〇年代末期，也發生在新竹，邱和順和他的同案被告受到警方的刑求。刑求的員警甚至遭到法院判刑確定。訴訟過程也有證物滅失的問題。這樣不正當的程序卻讓邱和順遭判死刑確定，在臺北看守所度過三十一年。儘管臺灣司法已經比邱和順案發時進步許多，但邱和順卻仍然被困在這個判決裡面，死刑待決。

和邱和順相比，我雖然「只」待了二年多的冤獄，但那段時間我的生命與我的尊嚴都感到極大的委屈與傷害，如今暗夜回想，仍然讓我不甘而淚流不止，我無法想像邱和順如何度過這失去自由又堅持喊冤的三十一年。

我知道過去檢察總長曾經為邱和順提起非常上訴，義務律師團也為邱和順聲請再審，但都無法讓法院打開大門，司法已經窮盡程序，邱和順冤情待雪，因此這段時間許多關心冤案的朋友請求總統，赦免邱和順，至少為邱和順的死牢人生畫下句點，讓邱和順恢復自由與健康。

做為一位曾經被總統赦免的冤案當事人，我很清楚在這個關鍵時刻，需要有總統的權力。懇請總統基於人權與人道的理由，赦免邱和順，讓邱和順以自由之身，繼續爭取他在司法上的清白。[2]

對於同樣受冤的人，蘇大哥當然是同情的，但是對於郭中雄，他的情緒自然複雜許多。認真說起來，郭中雄不是完全無辜，至少他犯過一起偷竊案，理應受到法律制裁，但就算如此，也無法合理化員警刑求他的理由。因此在蘇大哥平反之後，得知司改會與平冤會願意聯手替他平反，我感動地雞皮疙瘩都浮出來了。

郭案再審第一次開庭，我跑去旁聽。開庭前，律師跟郭中雄隨意地聊著，但我感覺他人坐在那兒，心卻不在，也刻意迴避與人四目相接。我本來想走上前去跟他說點什麼，看他那副有若驚弓之鳥的模樣，像是與所有人都有著無法跨越的距離，很快便打了退堂鼓，不想造成他的困擾。

開庭時讓我印象很深的是，不論法官問郭中雄什麼問題，他什麼都說不清楚，也說不上來。法官再三問他是不是委請律師代為回答，他似乎不很明白法官的意思，讓人看了有點難受。事後士翔提議大夥拍一張團體照留念，只見郭中雄低著頭，隨即倉惶逃離現場。對，那樣的神情與腳步，看起來就是「逃」，我心裡不覺生出一種苦澀感。

像蘇大哥這般勇敢、堅毅，能夠從人生的碎石瓦礫裡重新站起來的人，終究是少

2〈懇請總統特赦邱和順〉，蘇炳坤，《自由時報》，二〇二〇年五月五日。

數。至於大部分像你我或郭中雄的平凡人，自知對抗不了體制佑大的摧殘力量，大概只能窩囊無能地吞忍一切，自認倒楣。

二〇二〇年三月，高等法院認為罪證不足，判決郭中雄無罪。當年警方以「作案手法似曾相識」，基於「靈感」而「大膽假設」的兩位冤獄受害者，終於都獲得了平反。聽到消息時，我想蘇大哥心裡應該是五味雜陳吧，很想知道他的感覺，他說：「彭南雄一直跟我交代，他也是受害人，可是他害我那麼慘，我現在卻在救他……」

有人勸蘇大哥要放下對郭中雄的恨，原諒他。然而原諒是何等嚴肅而深沉的議題，哪裡是過於簡化的心理學或道德理論所說的那麼簡單？創傷是無法永遠壓下來的，它會不斷反彈，但我們社會對原諒像是有某種強制力，這樣的事，在太多受害者身上看過，覺得原諒彷彿是他們的責任。受害的傷痛既巨大又具有毀滅性，幾乎摧毀了蘇大哥的一生，有著這樣人間酷刑的經驗，原諒是可能的嗎？說真的，我不知道。

原諒與否或許是一種選擇，但贖罪則是另一個截然不同的選擇，雖然可以明志，卻不一定帶來原諒。我以為，郭中雄多年之後願意出庭作證，原因無它，只因良心不安，他想要被原諒，也想要掙得原諒；他渴望說出事實，讓蘇大哥擁有他應有的人生，所以在庭上做出了長久渴望的事，與蘇大哥面對面，承認自己的錯誤。即使他從頭到尾沒說過一聲抱歉。

法律不能解決所有的問題，但是透過法律解決問題，會發出微微的亮光。如果當事人能夠捕捉到這道微光，或許就可以透過這道微弱的光芒，獲取重生的機會。我想，若是蘇大哥與郭中雄都能安住在痛苦與恐懼之上，或許就有可能穿越這樣的情緒，接觸到痛苦與恐懼背後的柔軟地帶吧。

與其說蘇大哥是郭中雄錯誤自白的無辜受害者，不如說他是法官粗疏判決的莫名犧牲者。《刑法》第一二五條有濫權追訴罪，第一二四條也有枉法裁判罪，我們卻從來沒有法官或檢察官因濫權起訴或判錯而被起訴定罪，一個都沒有。就算他們的行為違反了國家賦予的神聖任務，背叛了人民對於公務體系的基本信任，仍舊照常上班，照常掌握權力，彷彿過去的錯誤從來沒有發生過，體制也對他們在錯判過程中扮演的角色保持緘默。

沒有人想追究歷史，沒有人想面對真相。

蘇大哥走過的平反之路，有如一段既沉默、又黑暗的旅程。它之所以黑暗，是因為這段旅程揭露了太多我們無法想像、更難以理解的（威權統治時代）過去，進而帶出一些尚未解決的問題：我們的司法系統似乎還不明白，也還沒有準備好為錯誤造成的結果公開負責。除了再審合議庭委婉表達了歉意，沒有其他應負責的人出面坦承錯誤，在眾人面前公開道歉，並乞求原諒。

一樁沒有人承認錯誤的事件，要受害者原諒什麼？又要如何原諒？正如《道德正義的迷思》（*The Myth of Moral Justice: Why Our Legal System Fails to Do What's Right*）的作者羅森包姆（Thane Rosenbaum）說的：「只要真相不被掩蓋與遺忘，我們會過得更好……我們必須傾聽受害者的聲音，並取得加害者的證詞，但最重要的還是要能夠記取教訓。我們或許不能預防這些可怕的事情再次發生，可是一國的精神取決於它的回憶，正確的道德判斷，以及概括承受它的史實。」

縱觀蘇炳坤冤案始末，它反映了時代的殘酷與人的無依。人們不該永遠記得、或活在傷痛之中，然而像蘇大哥這樣既堅強、又脆弱的人過去與現在所受到的痛苦、傷害與折磨，極大部分是來自於體制拒絕正式承認過錯，他們寧可放眼未來，也不願回顧過去的結果。難道我們打算說，一切都已經過去，就把過去給忘了嗎？當然不行。

冤案往往不是單一個案，而是系統性錯誤的表徵。向過往冤案借鏡的目的，不是為了懲罰，而是為了找出方法超越這樣的殘酷，直視昔日的疏失；不是虛偽的表相乞求寬恕，而是證明人們不該用這樣的手段對待他人，如此才能夠正視所有的罪愆，讓過去的傷痛得以復原。

歷史沒有翻頁，生命難以安頓。但願像蘇炳坤案這樣舊時代的冤獄，能在新時代的期許中真正地畫下句點，因為只有直視過去，重新串接記憶斷裂之處，才能在如霧般籠罩的現實中重新確立航道，找到未來的路。

刑庭法官最重要的工作，就是發現無罪

——專訪平冤會理事長葉建廷律師

訪問：陳昭如

Q：你經常引用日本最高法院岩田誠法官為《無罪的發現》這本書所寫的序文說：「刑庭法官最重要的工作就是在發現無罪。」為什麼？

A：我多年前在日本逛書店時發現《無罪的發現》這本書，光是看到岩田誠這句話就受到很大的震撼。日本檢察官起訴定罪率是百分之九九點七（跟臺北愛樂電臺的頻率一樣，沒有一百，只有九九．七），臺灣有沒有這麼高？看數據就可以知道。普遍來說，這個數據表示日本檢察官的偵查工作做得很好，很精緻。在一個高有罪率國家的最高法官為什麼要這麼說？其實這本書也寫到，做為控方的檢察官只會告訴法官有罪的證據在哪裡，並且把它極大化，至於對被告有利的證據，他們不一定會拿出來，這是人性嘛。所以「刑庭法官最重要的工作就是在發現無罪」這句話的意思是說，雖然我們有百分之九十九點七的定罪率，但那個百分之零點三才是最重要的，那零點三有可能是無罪，不要冤枉一個人。

Q：你在轉任律師之前有過多年擔任法官的經驗，你認為法官能夠查出「真相」嗎？

A：我知道你要問這一題，所以有準備（作者按：葉律師準備了林永謀的《刑事訴訟法釋論》，林鈺雄的《刑事訴訟法總論篇》及王兆鵬、張明偉、李榮耕的《刑事訴訟法》有關刑事訴訟目的的書面資料，還細心地用螢光筆標注好重點）。所有教科書都說，《刑事訴訟法》的目的，是要發現真實，保障人權。可是什麼是訴訟上的真實？林永謀大法官說：「實體的真實發現乃其主要目的……訴訟上之真實，要非存在之真實，而係認識之真實……況就訴訟而言，因受人之認識能力、證據能力及法律之限制，實亦不可能為無窮盡之追究，而僅能依循日常之經驗法則，經合理判斷結果，以為事實之認定。」你今天要判斷一個人是不是殺了人，必須要知道他在當下有沒有殺，法官又沒辦法坐時光機回到現場，只能憑藉證據的認定來判斷被告有沒有殺人。林鈺雄老師說「發現實體真實」，就是查明到底發生了什麼事，他說這裡面有兩種涵義：對於無辜的被告，只是裁定結果確認並開釋無罪時，才是發現了實體真實，也才是實體正確；反之，對於真正的犯人，只有當裁判確認其犯罪事實並依照刑法施加適當的處罰時，才是實體真實與正確，所以他說「發現實體真實的完整意義是『毋枉毋縱，開釋無辜，懲罰罪犯』，並不能將之片面理解為『有罪必罰』」。王兆鵬老師也說，「發現真實」很重要，但它的重要性跟優先性在現今社會已有動搖之跡象，所以他特別指出**刑事訴訟制度在設計上要盡可能防止誤判，特別是防止冤獄**，如果制度設計的目標是減少「有罪之人被誤判為無罪」，此時應要求法官判決被告有罪，雖然被告可能是無辜的；如果目的是在減少「無辜之人被誤判為有罪」，此時應要求法官判決被告無罪，雖然被告可能是兇手。問題是，我們是要選擇「寧可錯殺一百，不可錯放其一」？還是「寧可錯放一百，不可錯殺其一」呢？經過人類理性的思維，我們比較不願意見到無辜之人被誤判有罪，因為這麼一來社會付出的代價太高了。

從這些教科書的內容可以看得出來，《刑事訴訟法》的目的似乎慢慢在改變了，那就是刑事訴訟應該極力防止無辜之人被判有罪，防止冤獄更是其中非常重要的目的。

我當法官的時候提這個觀念，有人說，蛤？法官不能發現真實？你法官當假的喔？我說，我哪有辦法發現「絕對的真實」？沒有「絕對的真實」這種概念啦。目擊證人說他看見被告殺人，被告媽媽說他那天坐在家裡看電視，不在犯罪現場，法官要怎麼判斷誰說的是真的？有人挑戰我的意見說，法官不能發現真實，那所有老師的教科書豈不是要重寫？我還記得當時有位大法官聽聞這樣的說法，出面替我緩頰說：我當了三、四十年法官，我的想法跟葉法官一樣，我們只能依照證據來做裁判，至於被告是不是真的在場，只有上帝跟媽祖知道，不然誰會知道？蘇建和後來不是證明他是冤枉的嗎？江國慶後來不也證明是冤死的嗎？很多人說，法官不是可以發現真實嗎？那你告訴我，江國慶這個案件真凶是誰啊？法官不是很厲害，怎麼會破不了案？我從一九九八年講法官無法發現絕對真實被視為異類，是甘冒大不韙，不過現在大家觀念已經慢慢在改變了。

Q：你認為法官「判斷真實」的困難在哪裡？

A：我當法官的時候證人普遍不用到庭，之前在警察局做筆錄的時候也沒有錄音錄影，而刑事案件所有的事實認定都必須靠證據，但每個證據都必須要符合證據法則才能拿來用，至於是否符合證據法則，有時候實在不容易查清楚。像蘇大哥（蘇炳坤）的案子，那時候沒有規定做筆錄要錄音（錄音要到民國八十六年法律才規定警詢要全程錄音），他說他被警察打了，你是法官的話，你是要相信蘇大哥說的，還是警察說的？之前早期一般法官大概都是相信警方的說法，理由是警察不會甘冒績效的風險打被告，他們跟被告無冤無仇，不會誣陷被告。這個想法後來因為一則最高法院判決的出現才改變。最高法院這則判決認為，警察說他沒有打被告，你就相信？警察就這個案件有利害關係，你怎麼可以相信警察的話呢？其實，想想，這種道理還要最高法院來教嗎？

我以前判過一個很簡單的案子：建國高架橋下有一群計程車司機聚賭被檢察官起訴，檢察官說他們在警察局承認了，可是被告說他們是被刑求才認的。我對檢察官說，你們是不是應該來證明被告沒有被刑求。檢察官說，葉法官，有必要這樣嗎？只不過是一個小小聚賭的案子。欸，人家在警察局被打成這樣，什麼叫小小的案子？我跟檢察官說，你不舉證的話，我就判無罪囉。被告有沒有被刑求，誰要負責舉證？這用腳頭窩（膝蓋）想也知道，當然是檢察官啊！檢察官說，法律又沒有規定。幸好我當時有堅持，不然被告不是被冤枉去！

以往法官可能沒有落實證據法則，法官在認定事實的時候，經常自由心證過於浮濫，濫用經驗法則，說什麼警察不會打被告啦，他跟被告沒有利害關係啦，警察不會為了績效啦，這些都是法官自己的經驗。我記得有個案子一個吸毒的人被起訴，說他販賣毒品，證據是他身上帶了電子磅秤及一百個分裝袋，問題是對方有可能是怕吸過量啊！誰說有分裝袋就一定是要賣給別人？

自由心證過於浮濫的結果，就會發生撿到籃子就是菜的情況。其實法律對這些「菜」都有很嚴格的規定，舉例來說，自白能不能用，第一個要件，也就是自白要有任意性。蘇大哥那個年代被刑求，固然沒有法律要求檢察官舉證自白是任意的，可是就算法律沒有，法官一樣可以要求檢察官做啊！相同的道理，物證要經過合法搜索扣押才能拿來用，這些法律都有規定。鑑定報告在古早時候就有一堆要件，這些都是在限制訴訟上能不能拿來當作證據，這個菜能不能拿來煮，是不是乾淨，法律有明文規定它是不是乾淨的菜，不乾淨就不能拿進來煮，更不要說煮完好不好吃。只有菜是乾淨的，法官才有辦法煮出最靠近真實的菜。就是因為有這麼多認定事實的限制，所以我常說發現真實是困難的。如果檢察官端進來的菜是不乾淨的，法官應該拒絕使用這些不乾淨的菜嘛！

我們在司法官訓練所的時候，老師經常問我們：法官有沒有維護社會治安的責任？這題實在是太有趣了。維護社會治安到底是誰的責任？多數人會認為是法官的責任。如果法官把檢察官、警察辛苦抓來的人都判無罪，社會一定會大亂，這種說法好像很有道理齁？是不是這樣？這點我是覺得還有待省思啦。問題是法官為什麼要幫警察背書？今天警察可以這麼粗暴地對待被告，明天這樣的情況難道不會發生在你我身上？所以王兆鵬老師說「我們是要選擇『寧可錯殺一百，不可錯放其一』？還是『寧可錯放一百，不可錯殺其一』呢？」唉，我不知道。我覺得好像東方人、臺灣人都是這樣……

Q：在找包青天？

A：是。

Q：你那個時候為什麼想當法官？

A：我是念證據法的，在當時那個年代這塊是沙漠，根本沒有人處理。我很想針對每個題目寫出擲地有聲的判決，至少我小時候是這麼想的啦。

Q：你當法官時，有聽說其他法官誤判的案子嗎？

A：我們不好去看別人開庭，法官去看別的法官開庭，那是大忌。因為我們摸不到卷證，就沒有辦法瞭解是不是誤判。

其實法官判案一點都不困難，就按照證據法則嘛，該怎樣就怎樣。開庭的訴訟過程把被告當人看，就不會想到去罵人家，即使你的心證認為他是十惡不赦的殺人犯，也沒關係。如果按照證據他是殺人，該判刑你就判，被告也不會有怨懟，程序盡量做到公平。這些所有《刑事訴訟法》的老師都說過了啦。

Q：如果是這麼基本的原則，為什麼實務上這麼難以執行？

A：因素太多了。第一個是卷證併送制度。法官看了這麼多卷，心證就已經被汙染了。法官也是人啊，你看完起訴書，看完這麼多卷，心裡一定會對被告做了什麼事有負面想法，而且這種想法是很難去除的。第二個，就是學長交接給學弟的觀念，「不要聽被告的，他都在騙你，不要那麼容易被騙」，這當然是不健康的態度，不過是少數啦。如果開庭訴訟程序不溫暖，動不動就罵人，判決又不照證據法則亂判一通，難怪人家會說司法不公。

以前還有《懲治盜匪條例》的時代，我手上有個案子，一個計程車司機劫財又劫色，法定刑是唯一死刑，連想要判無期都沒有機會。他被起訴做了六件案子，都是把被害人載去山上，性侵之後脫光衣服載下山來丟在路邊，然後把錢拿走，可惡吧？這種罪做一件是死刑，做六件也是死刑。可是被告跟我說，法官，我只做了四件，不是六件。那時候我心裡想，反正都要判死刑被槍斃，有差嗎？我承認我不該這麼想，可是被告說，我只做了四件，清白很重要，那兩件我沒做的代表我的清白，另外兩件我沒做就是沒做。我轉念一想，欸，也對捏。後來我查清楚，發現那兩件他真的沒有做。

Q：是你自己去查的？

A：當然啊，檢察官怎麼可能幫我查？我去查對被告有利的證據，發現那兩件他真的沒做，但還是要判他死刑，沒有裁量空間，後來那個司機感謝我願意幫他，還他兩件案子清白。像蘇大哥的案子，他說他被刑求，檢察官跟法官為什麼不看看其他證據？而且他身上還有傷耶！

卷證併送的問題在於制度，但即使如此，法官還是有很多保持不被汙染的空間及sense，可以我心如秤，不受汙染。我自己看起訴書，心裡就會想，這個起訴書寫的是真的嗎？在卷證併送制度下，法官在看卷的時候要知道，這些證據都沒有經過檢驗，但是你看了以後，怎麼可能不產生對被告不利的心證？**所以我認為卷證併送不是大問題，主要是法官心態的問題**。如果法官還要上窮碧落下黃泉去發現真實，即使將來改成國民參審，沒有卷證併送，還是不會有什麼改變。所以我認為不是制度的問題，是人的問題。

Q：那怎麼辦呢？

A：從教育做起吧。法學院老師教的都對啊，怎麼進了司法官訓練所（現在是司法官學院）出來以後就不對了？在學校都OK的，進了醬缸裡面以後就不OK了？

Q：為什麼會這樣？

A：為什麼喔？這題大哉問哩。

Q：我聽過一種說法是法官手上案量太大，你同意這個說法嗎？

A：這個你用腳頭窩想也知道，你的爸爸媽媽如果是被告，你會怎麼辦？所以我常說，把被告當成人，你會隨便判嗎？案件量太大這根本就是藉口，想不想做而已。無罪判決很難寫，要寫得很多，檢察官每個證據你都要去論述，欸，真的很難寫耶，有罪的都寫得沒那麼長。如果你貧惰（懶惰）寫，你就麥做，你人坐在那裡又不好好做，給人家草菅人命。說得粗俗一點，要賺錢就下來當律師，坐在那個位子，就要有那個位子該有的樣子，該寫到晚上一兩點，該怎麼寫就是怎麼寫，難道不是這樣？

全臺灣只有兩個人不受無罪推定原則的保護，那就是總統跟副總統，憲法規定在他們任內除了犯叛亂罪以外，不受刑事追訴，要等他卸任才能追訴。這句話背後的涵義是，任何一個人在下一秒都有可能變成刑事被告。你坐捷運把腳伸直，一個人走過去被你絆倒，膝蓋受傷，告你過失傷害，你就成被告了。你會說這跟你的生活經驗差很遠嗎？兩個人騎腳踏車相撞，受傷的對方告你，你就成為被告。所以法官不要大意，你的家人什麼時候會變成被告？不知道。像蘇大哥這樣，一世人一次就夠慘了，你怎麼能不好好判？翁岳生院長之前演講時說過，要建立溫暖有人性的訴訟程序，就是這個意思，要身體力行好好做，不做都是藉口，只要有心都可以做。日本的憲法請法官依據良心獨立審判，你看蘇大哥被打成那樣，法官難道沒有什麼想法嗎？人在公門好修行嗎？不要這樣啦！

Q：你當法官的時候，碰過很多刑求的案子嗎？

A：不敢說很多。不過我知道警察刑求的方式可多了，用打的，像蘇大哥這種的，太low了啦，也實在不對，不應該。

我以前辦過一個case，警察捉到殺人犯，用警車把他載回警局的路上，旁邊有一臺車想超車，駕車的警察搖下車窗，把槍掏出來嚇那個駕駛，後來人家就閃到後面去了。坐在後座的警察跟那個殺人犯說，看到沒有？他很凶喔，等一下就是他負責問你，你等一下自己看著辦。結果咧？後來犯人全部承認。那個案子我後來因為被調走了，沒有辦下去，之後在一個私人場合碰到其中一個警察，我問他說，欸，你們怎麼敢把槍掏出來嚇對方駕駛啊？他說，沒有啦，那個場景也是我們安排的。哇，這個才有震撼力！蘇大哥那種吊起來打的，太low了啦，也實在令人無法苟同。我說的這個是民國八十幾年的事，刑求竟然已經有進化版了，唉……。

我剛當法官的時候遇過一個案子，被告在法庭上把褲子脫下來給我看，他說下體被警察用電擊棒電了。我把警察叫來問，他還若無其事地說，有電又怎樣？我說，怎麼可以電人家？他說，法官，他殺人耶。我說，可是你給人家電，按呢甘好？他說，我是科學辦案啊。我說，什麼「科學辦案」？他說電擊棒是科學方法發明的嘛，實在很無言。我跟他說，殺人固然很可惡，但你也不要這樣電人家，這樣不好啦，還電人家下體。結果他在法院做完證，之後就發生車禍走掉了，我都覺得很毛。蘇大哥常常掛在嘴邊說，有個刑求他的、很壞的刑警後來走掉了，真的，這種事寧可要信其有。

我當法官的時代，肉體上的刑求已經沒那麼普遍了。蘇大哥、蘇建和、邱和順這幾個案子都有一個共通點，都是刑求造成了非任意性自白。被告的自白在刑事訴訟程序發展以來，一向被視為證據之王，可是我都說自白是「證據的卒仔」。法官要有一種基本認識，被告為什麼會在跟他立場對立的警察面前承認犯罪？這是常態還是變態？這用腳頭窩想也知道，絕對是變態嘛！

Q：你覺得冤案即使平反了，事後是否應該追究相關人士責任？

A：這幾年平冤會一直在討論到底要不要追究？我只能說，很難。有人對我和士翔進行道德勸說，說你們平冤會好好救援無辜就好了，如果要究責的話，以後誰敢幫你們開再審？好像很有道理喔，所以我跟士翔有點苦惱。平冤會當初成立的目的之一是要究責，這樣大家才會有所警惕。可是要追究誰？警察？檢察官？還是法官？如果警察刑求、檢察官起訴不當、法官沒有用該用的證據法則，這些要不要追究？這真的是大哉問。最近這題走到十字路口，也不曉得該怎麼辦。我在情感、理念上認為應該要做，可是現實上確實有困難。

Q：蘇大哥的案子最奇怪的地方是，明明一審判無罪，可是從二審以後就一路有罪，就連再審都不可得，你覺得原因是什麼？是法官不敢推翻前審的「慣例」嗎？

A：不敢推翻前審？這個不知道是慣例還是潛規則。前審判決如果被推翻的話，前審法官可能會覺得，你又沒有新證據，為什麼可以推翻我的判決？是你較勢（比較厲害）？如果同樣證據擺在那邊，我看的是圓的，你看的是方的，你憑什麼說我是錯的？所以通常再審會成功都是有新證據，證明不是前審法官有錯，而是他當時沒看到這項證據，如果他看到的話，應該也會做出同樣的判決。

可是蘇大哥的案子就不適用這個說法。證明蘇大哥無罪的證據不是早就攤開在那裡了嗎？他那個案子發生在民國七十幾年，無罪判決真的是鳳毛麟角。（我：所以一審法官算是蠻有勇氣的喔？葉：是！）所以這次再審平反成功，法官向他道歉，意思就是法院也有責任。蘇大哥是好運碰到林孟皇法官願意依法開再審，要不然我看大概還是很難平反。

二〇一五年再審法修法之前，再審成功的機率真的很低，法官會覺得，我幹嘛開再審？一來得罪同事，二來替自己增加案件，開再審是我自己要辦，又不是人家要辦。不過修法以後再審成功的機會好像比以前容易些，嗯，修正一下，也是非常不容易啦，這樣說好了，現在的門檻比以前降低一點點啦，可見這樣的情形已經慢慢在發酵了。

Q：蘇大哥的案子在法界很有名嗎？

A：是啊。我那時候是沒有直接摸到卷證，不過總統都特赦了，這個人還執意想要平反，想必是沉冤莫辯。進了平冤會以後，才發現（無辜的證據）這麼明顯，如果把郭中雄的自白拿掉，哪有證據證明是他做的？這些法官有注意到嗎？一個人痛苦了三十幾年，從雲端掉到地獄，生命全部改觀，即使再審無罪，你覺得他是該哭還是該笑？我想，他應該是笑不出來。

Q：這些年來平冤會跟司改團體極力平冤，似乎引發了部分法官的反彈？

A：對啊，我有聽說（苦笑），他們覺得我們一直在指摘法官的不是，動不動就把我們臭罵一頓。其實，沒有在指摘法官的不是啦，我是覺得該怎麼做，就怎麼做。舉個例來說，開庭哪有什麼心證不能公開的？我以前當法官時常說，檢察官，你要說服我，必須要拿證據出來，講出來的東西要有依據，不能只憑感覺，你要舉證，可不可以說得更清楚一點？要不要再想想看？不然我要判無罪了。同樣的，我也會跟律師說，該你舉證的，你不舉證，抱歉，我要判有罪了。可是以前司法官訓練所的老師跟我們說，法官的心證要有神祕感，不能在法庭上公開心證，不能講出來喔，不然會被司法黃牛賣掉，他們來旁聽就會判斷說，這個案子法官要判有罪了或者要判無罪了。其實哪有這種事，除了一些受矚目案件，旁聽的人不多。以前檢察官常說，葉法官很喜歡判無罪，也不喜歡羈押被告，千萬不要在葉法官執班那天去聲請羈押。可是我對被告也是這樣，剛剛前面那個例子，媽媽說兒子在案發當天跟她在一起，但如果媽媽對兒子的行蹤都交代不清楚，講的前後矛盾、漏洞百出，我是要怎麼判她兒子無罪？如果你是法官，無罪你寫得下去嗎？如果我判無罪，檢察官也會上訴。可是法官多半都不講，直接判有罪或無罪。沒有法律禁止公開心證，我是覺得公開心證可以促使檢辯雙方各自去發現真實，不是嗎？

Q：你覺得怎麼樣的判決才是公平的？

A：判決要公平喔，很簡單，法官只要當羽球或網球裁判，不要當足球裁判。什麼意思？足球裁判會跟著跑來跑去，萬一不小心踢一球進去，怎麼辦？那要算誰得分？網球裁判的話你只要坐在那邊，注意看發球有無越線，球有無出界？靠攝影機輔助就好……是不是很傳神？比賽前大家把規則講清楚就好。臺灣法官的問題就是太喜歡當足球裁判了，跟著人跑來跑去，這邊也要自己調證據，那邊也要自己調證據，其實只要按照證據法則判，就好了。

Q：你後來轉任律師，覺得做律師比做法官更能實現公平正義的夢想嗎？

A：是不一樣的夢想，因為服務的人不一樣。現在其實也有不少好法官。我覺得如果要說法官沒有進步，律師也要負責任，因為法官很忙，案件很多，律師應該要告訴法官案子來龍去脈，適用的證據法則是什麼。最近針對測謊能不能當證據，不是吵翻天嗎？之前最高法院有關測謊能不能當證據的經典案例，據說啦，是某個律師去翻文獻，寫在狀子裡面告訴法官的。做律師更容易接近事實的真相，因為你必須自己調查，而且不能騙法院。

講到認罪，你看郭中雄認罪，那是真的嗎？可是法官聽到被告認罪都會很高興，以為這就是真的。不是這樣啦，很多被告是想說算了算了，如果能認罪，判輕一點或者是緩刑，就算了。我個人是不接受隨便認罪的。以前做法官的時候，被告跟我說他不想再打官司了，我心想，你不想再打，我就跟你一起沉淪喔？現在做律師就沒辦法了。法官跟我客戶說，你不認罪就要繼續打官司，我不會判你緩刑，如果你認罪的話，就判你輕一點。要是你的話，你會不會心動？可以省去三年、五年的精神折磨，所以有人就接受了。我跟客戶說，這就不是事實啊，你怎麼可以隨便認？客戶說，啊，算了算了，花三、五年打官司，還不如拿這個時間去做生意，我也只好替他寫狀子認罪，法官看了很高興，以為他查到了真相，其實只是被告不想再耗下去而已。這是什麼實體真實啊？

Q：你當法官的時候有判錯過嗎？

A：我的經驗裡面沒有，因為我判有罪的門檻很高。我記得那時候我是二〇〇七年一月辭職，有檢察官跟我說，你一月辭職，二月臺北地檢署的無罪判決少好多喔。那時候律師界流傳一句話說，葉法官的有罪判決很難挑戰被翻案，因為我有罪門檻實在拉得很高。為什麼？就是「寧可錯放一百，不可錯殺其一」嘛，因為知道判有罪對被告的影響很大，所以會更慎重……不會啦，目前為止還沒有聽到過這種事……應該不會有吧？你不要嚇我。

Q：你覺得透過修法，有可能改善既有冤案的情況嗎？

A：法律其實不用修，因為問題都是在「人」。民國五十六年證據法則就已經在《刑事訴訟法》被建構了，只是看你怎麼操作。
不過我並不悲觀啦，我常跟士翔說，如果我們悲觀的話，平冤會就不用做了。

刑事訴訟的程序怎麼走

台灣冤獄平反協會

一件刑事案件會經歷偵查、起訴、審判、執行四大階段。當有刑案發生，檢察官會是本起案件的重要角色，主要負責帶領司法警察進行案件偵查。進行一連串案件調查之後，檢察官在握有足夠的事證下，才可以對被告提起公訴。被告經起訴後，案件來到一審法院進行審理，通常為地方法院，檢察官須提出證明被告有罪的證據，同時被告也可以提出對自己有利的證據，經過雙方攻防辯論後，由法官依據雙方所提供的證據來認定被告是否有罪，如果證據無法讓法官確信被告有罪的話，法官就必須判決被告無罪。

我國法院針對刑事訴訟通常救濟程序，原則上是採三級三審，那什麼是三級三審呢？簡單來說，一般刑事通常救濟程序流程會是這樣子：一審（地方法院）→二審（高等法院）→三審（最高法院）。

不論是被告，或是檢察官，只要是本案兩造的其中一方，對於「一審地方法院」判決結果不滿時，都有權利可以提起上訴，上訴到高等法院，讓高等法院再次針對本案重新審理，高等法院會派出另外三位法官進行審理，不會受到前審（一審）認定的拘束，兩造都可再提出其他證據，再由法院認定有罪與否。

如果不幸高等法院還是維持原本一審地方法院判決結果，這時還是有機會可以上訴到第三審（最高法院），但並不是所有的案件都可以上訴到第三審（最高法院），因為第三審（最高法院）主要負責法律審的部分，審理判斷前審的法院，在法律上的應用有沒有違誤發生問題，通常不會再進行案件事實調查，會以前面法院對於案件事實的認定做為基礎。

除非確實有發現前面法院在審理時有發生判決違背法令的情況，這時身為第三審的最高法院才有機會，依法撤銷前面二審高等法院的判決，將案件發回高等法院，要求高等法院再次審查。而這樣的程序，一般我們又稱為「發回更審」。第一次最高法院發回後，稱為更一審，第二次發回稱更二審，以此類推。

舉例說明：二審高等法院↓上訴三審最高法院↓撤銷判決發回更一審（高等法院）

↓上訴三審最高法院↓撤銷判決發回更二審（高等法院）。

如果最高法院認為判決並沒有違法之處，將駁回上訴，這時候本案狀態就是判決確定。

不過，為了避免發生誤判、冤案，《刑事訴訟法》有特別規定兩個特別救濟程序「非常上訴」、「再審」。「非常上訴」以「法律錯誤」為主，必須是以審判違背法令為理由，必須由檢察總長向最高法院提起，以糾正錯誤判決，並對於法令統一解釋。而當檢察總長提出非常上訴後，案件又會回到最高法院的手裡，由最高法院來決定這樣的非常上訴到底有沒有理由呢，如果最高法院認為非常上訴無理由的話，將會「駁回」檢察總長提起的非常上訴，案件就會仍然維持原本的狀態。

相反的，如果最高法院認為非常上訴有理由，將會「撤銷」原判決違背法令部分，案件可能發回原審高等法院更審或由最高法院自行判決。

「再審」是針對確定判決事實認定有錯的情形，如有法院判決所不知道的事證，有足以動搖原判決的情況，可以提出再審。

例如科技的進步，以新的技術再次重新檢驗過去所做的鑑定，或許會發現過去所做的鑑定並不嚴謹或是有錯誤，又或者是過去法院審理的時候，還有一些證據並沒有被法官所看到，而這些事證又可能會是影響判決結果的關鍵，此時就得仰賴再審制度來救濟。

是否有冤牽涉事實認定，因此冤案當事人多數是透過再審制度，提出法院判決所不知的新事實、新證據，向法院聲請再審進行救濟。

如提出再審，將由原事實審判決的法院來裁定是否對於本案開啟再審重新審理的大門。

由於原事實審判決的法院有權力可以決定要不要開啟再審，如果該法院裁定不開啟再審，這時原則上仍可抗告至上級法院，案件將由上級法院來審查，上級法院若認為裁定沒問題，可能會駁回抗告，如果認為裁定有不當，則會撤銷原裁定再發回原法院繼續審理。

要是法院確定裁定開始再審，案件將重啟審判，回復到通常審理程序，由法院再次審查被告是否有罪，程序又將會回到上述提及的通常救濟程序。

以蘇炳坤案為例，新竹地檢起訴蘇炳坤強劫而故意殺人未遂罪，經新竹地院判決蘇炳坤無罪，檢察官上訴到臺灣高等法院，臺灣高等法院撤銷無罪判決，改判蘇炳坤有罪，處十五年有期徒刑，蘇炳坤上訴到最高法院，最高法院駁回上訴，蘇炳坤有罪確定。

在蘇炳坤先生、陳色嬌女士等多人奔走下，檢察署認同蘇炳坤有冤，為本案提出四次非常上訴，四次再審聲請，案件均被法院駁回而確定。

二〇一七年，蘇炳坤再次向法院聲請再審，臺灣高等法院裁定開始再審，檢察官不服，提出抗告，最高法院諮詢三位法學教授後，駁回檢察官抗告，案件確定開始再審，臺灣高等法院經過審理後判決蘇炳坤無罪，檢察官未提出上訴，蘇炳坤無罪確定。

蘇炳坤案大事記

審判	一九八六年六月十九日	蘇炳坤遭收押
	一九八六年七月十二日	起訴
	一九八六年九月十一日	一審無罪
	一九八六年十二月十九日	二審有罪
	一九八七年三月二十六日	最高法院駁回上訴，全案確定
逃亡	一九九二年三月九日	第一次再審駁回
	一九九二年十月六日	第二次再審駁回
	一九九三年一月十三日	第一次非常上訴駁回
	一九九三年九月二十二日	第二次非常上訴駁回
	一九九五年五月三十日	第三次非常上訴駁回
	一九九五年九月十八日	第三次再審駁回
	一九九五年十二月十一日	第四次再審駁回

入監	一九九七年六月七日	入監
	一九九八年四月二十二日	第一次監察院調查報告
	一九九八年八月二十七日	第四次非常上訴駁回
	一九九九年十一月十九日	保外就醫
	二〇〇〇年十二月八日	第二次監察院調查報告
特赦	二〇〇〇年十二月十日	總統特赦蘇炳坤，「其罪刑之宣告為無效」
	二〇〇一年十月八日	冤獄賠償聲請駁回
	二〇〇二年三月六日	冤獄賠償覆議委員會維持原決定
	二〇〇三年一月二日	第三次監察院調查報告
再審	二〇一七年五月二十三日	蘇炳坤聲請再審
	二〇一七年九月十九日	裁定開始再審
	二〇一七年九月二十二日	檢察官提起抗告
	二〇一八年二月八日	最高法院駁回抗告
	二〇一八年八月八日	臺灣高等法院宣判蘇炳坤無罪
	二〇一九年二月二十七日	臺灣高等法院決定以最高金額每日五千元補償蘇炳坤遭到關押所受的損失

Voice

春山之聲　023

被搶劫的人生

蘇炳坤從冤枉到無罪的三十年長路

作　　者　陳昭如
總 編 輯　莊瑞琳
責任編輯　吳崢鴻
行銷企畫　甘彩蓉
封面設計　蔡南昇
內文排版　藍天圖物宣字社
出　　版　春山出版有限公司
　　　　　地址：11670 臺北市文山區羅斯福路六段297號10樓
　　　　　電話：02-29318171
　　　　　傳真：02-86638233
總 經 銷　時報文化出版企業股份有限公司
　　　　　地址：33343桃園市龜山區萬壽路二段351號
　　　　　電話：02-23066842
製　　版　瑞豐電腦製版印刷股份有限公司
初版一刷　2020年11月

定　　價　新臺幣350元

填寫本書線上回函

春山
Email　SpringHillPublishing@gmail.com
Facebook　www.facebook.com/springhillpublishing/

指導贊助單位：國家人權博物館 NATIONAL HUMAN RIGHTS MUSEUM　www.nhrm.gov.tw
補 助 單 位：TAIWAN FOUNDATION for DEMOCRACY 財團法人臺灣民主基金會　www.tfd.org.tw
策 劃 單 位：台灣冤獄平反協會 TAIWAN INNOCENCE PROJECT　twinnocenceproject.org

國家圖書館出版品預行編目資料

被搶劫的人生：蘇炳坤從冤枉到無罪的三十年長路/陳昭如著. -- 初版. -- 臺北市：春山出版有限公司, 2020.11
　面；　公分. --（春山之聲；23）
ISBN 978-986-99492-3-1（平裝）

1.刑事案件　2.刑事審判　3.個案研究

585.8　　　　109017264

All Voices from the Island

島嶼湧現的聲音